APPRENDRE DE LA CHINE ET S'Y ORIENTER

Points sur l'Asie

Collection dirigée par Philippe Delalande

Dernières parutions

Olivier van INGELGEM, *L'agriculture sud-coréenne*, 2012.
Tierry GUTHMANN, *Précis de politique japonaise,* 2011.
Yvonne CAPDEVILLE, Dominique LEVESQUE, *La Faculté des Sciences d'Orsay et le Vietnam. De la solidarité militante à la coopération universitaire (1967-2010),* 2011.
Antoine MALINAS, *La lutte des sans-abri au japon*, 2011.
Claude Helper, *La Dénucléarisation de la Corée du Nord et la Succession de KIM Jong-il, dans le contexte géopolitique et de sécurité en Asie-Pacifique*, 2010
Mathieu BARATIER, *Les Chinois aujourd'hui*, 2010
Carla DI MARTINO, *Le Pakistan, islam et modernité. Le projet de Benazir Bhutto*, 2010.
Vincent GREBY, *Le nouveau Népal. Le pari d'une utopie*, 2010.
Raoul Marc JENNAR, *Trente ans depuis Pol Pot. Le Cambodge de 1979 à 2009*, 2010.
Thierry GUTHMANN, *Shintô et politique dans le Japon contemporain*, 2010.
Raphaël GUTMANN, *Entre castes et classes. Les communistes indiens face à la politisation des basses castes*, 2010.
Changxing ZHAO, *L'enseignement non gouvernemental en Chine*, 2009.
Lionel BAIXAS, Lucie DEJOUHANET, Pierre-Yves TROUILLET, *Conflit et rapports sociaux en Asie du Sud*, 2009.
Maja A. NAZARUK, *La prostitution en Asie du Sud-Est*, 2009.
Anne BUISSON, *Alphabétisation et éducation en Inde*, 2009.
Jean-Pierre CABESTAN et Tanguy LE PESANT, *L'esprit de défense de Taiwan face à la Chine*, 2009.
Chloé SZULZINGER, *Les Femmes dans l'immigration vietnamienne en France de 1950 à nos jours*, 2009.
Marc DELPLANQUE, *Le Japon résigné*, 2009.
Alain LAMBALLE, *L'eau en Asie du Sud : confrontation ou coopération ?*, 2009.
Stephen DUSO-BAUDUIN, *Sociostratégie de la Chine : dragon, panda ou qilin ?*, 2009.

Frédéric Beraha

APPRENDRE DE LA CHINE ET S'Y ORIENTER

L'Harmattan

5-7, rue de l'Ecole-Polytechnique, 75005 Paris

http://www.librairieharmattan.com
diffusion.harmattan@wanadoo.fr
harmattan1@wanadoo.fr

ISBN : 978-2-336-00347-4
EAN : 9782336003474

PREFACE

On a déjà beaucoup écrit sur la Chine. De ces lectures, je retiens qu'il me faut éviter :

L'approche journalistique, du type « Mes impressions en Chine», qui livre au lecteur occidental quelques faits de société, plus ou moins sans analyse, afin de l'impressionner, de le faire réagir ou de susciter chez lui des sentiments comme la peur, l'envie ou l'admiration.

L'approche philosophique, que ma formation d'ailleurs ne me permet pas, et qui essaie de rapprocher ou d'opposer les modes de pensée chinoise et occidentale.

J'ai donc tenté, d'adopter une méthodologie typiquement chinoise, permettant au lecteur de comprendre le mode de fonctionnement de la pensée chinoise par le mode d'exposition même de mon sujet. Ainsi, l'approche conceptuelle de ce texte permet-elle une véritable démonstration des méthodes d'analyse utilisées par les Chinois : à partir d'un recueil d'expériences vécues, sans références ni chiffres à l'appui, décrire les relations qui peuvent exister entre des histoires, des pratiques et des systèmes de pensée, sans chercher ni à les caractériser ni à les classifier.

Cette expérience est nécessairement limitée et partielle. Le vécu personnel est mon seul guide, et je le revendique comme une force. C'est ainsi que fonctionne la pensée chinoise, elle aussi.

Ce vécu s'appuie sur trente années de proximité avec la Chine, au travers d'expériences professionnelles multiples dans le champ des affaires comme dans le champ culturel, ainsi que sur ma pratique du mandarin qui, de longue date, m'a permis de plonger dans la littérature chinoise classique et contemporaine.

Le jour où me fut confiée par « HEC Paris » la direction en Chine des programmes de formation des cadres d'entreprises chinoises (EMBA), comme le jour où il me fallut à l'inverse bâtir des séminaires destinés aux entreprises françaises ou européennes désireuses d'aborder la Chine (Learning Expeditions), j'ai été confronté à la double question suivante :

Qu'avons-nous à apprendre à la Chine ?

Qu'est-ce que la Chine a à nous apprendre ?

Dans l'un et l'autre cas, il s'avérait évident qu'il nous fallait dépasser bien de nos « certitudes » managériales, puisées dans un corpus américanisé à l'extrême, et qui, elles-mêmes s'avèrent souvent inaptes à représenter les réalités de nos entreprises occidentales. Dans les affaires, comme dans bien d'autres domaines, la Chine et l'Occident ont à confronter leurs modèles, et les enrichissements réciproques d'une telle confrontation dépassent largement le champ d'un échange de « savoir–faire », ou de méthode de fonctionnement formatée.

Car l'entreprise est par excellence le lieu où l'on s'approche le plus de la réalité des enjeux d'une société et de la complexité des relations au sein du corps social. S'interroger sur ses modes de fonctionnement renvoie nécessairement, bien au-delà des champs du business :

- à la culture, l'histoire dans laquelle elle s'inscrit, deux facteurs qui façonnent voire ossifient des formes originales de savoir, de principes philosophiques, et de pratiques relatives au pouvoir, aux relations humaines, au rapport à la vie,
- à sa politique et à son ambition au sein d'un monde complexe et aujourd'hui globalisé, donc à la façon dont elle se positionne à l'intérieur de ce monde et y envisage les rapports sociaux.

Faire se rencontrer la Chine et l'Occident suppose donc la prise en compte de l'histoire des deux acteurs, de leurs évolutions sociétales, autant que celle de leurs ambitions ou de leurs objectifs économiques inscrits dans le « Vouloir faire du business ensemble ». Les deux premiers chapitres de ce livre seront consacrés à ces deux sujets.

L'économie globalisée est le lien qui unit les peuples par les échanges, et ce sont les sujets même de ce lien qui vont s'en trouver transformés. S'implanter durablement en Chine, pour une entreprise occidentale génèrera chez elle au moins autant de changements qu'a générés chez les Chinois leur accession au marché mondial.

Si nous percevons ces derniers aisément (la Chine s'est modernisée, les Chinois se sont enrichis, etc.). Nous sommes encore loin d'imaginer ce qu'une plongée dans le monde chinois pourra engendrer chez nous de transformations.

Nous avons banni la vision trop fréquente qui ne s'attache qu'à pointer les différences entre deux mondes supposés, constitués en « sujets » distincts. La Chine abrite la diversité culturelle de l'Europe, en possède les dimensions et la dépasse de trois fois en population. Les facteurs qui nous différencient ont autant d'influence que les convergences entre nos deux mondes. Cela est particulièrement perceptible au niveau sociétal, chez les jeunes et les femmes, dont la situation et les aspirations seront longuement analysées. Ce sont ces convergences qui offriront à nos entreprises les opportunités marketing de son implantation en Chine.

A travers une étude de cas concernant le secteur économique du luxe, nous verrons concrètement à quel type de questions renvoie la volonté de faire du business en Chine, et combien cette volonté nous confronte aux valeurs de l'histoire, de la culture et des modes de vie autant qu'aux valeurs économiques. Vouloir s'implanter en Chine, c'est accepter de comprendre l'autre dans son acception globale, donc accepter de remettre en cause ses propres certitudes.

C'est un des principaux buts de ce livre que d'en faire prendre conscience à nos Directions Générales. Tout expatrié a rencontré la difficulté qui existe à expliquer à sa direction ce qu'est la réalité complexe de la Chine dans laquelle il évolue. Ce texte devrait l'aider à sensibiliser son entreprise sur une question qui n'est pas si simple ? et à l'obliger à confronter nos valeurs dans la pratique.

Pour se préparer à affronter une multiplication des échanges avec la Chine, il nous faut plus que d'essayer de la comprendre : il nous faut accepter d'apprendre d'elle.

CHAPITRE 1

UN PEU D'HISTOIRE

1.1 Pour commencer par le commencement : Cosmogonie

La physique du Big Bang interprète notre univers comme étant composé à l'origine (pendant la première fraction de seconde de son existence) d'une masse indifférenciée (de Gluons), condensée dans un espace infiniment petit (caractérisé par la constante de Planck). Cette masse est alors soumise à une force unique (unification forte), s'appuyant sur de très subtiles dissymétries encore mal connues, qui permettra de les différencier (constitution des protons, puis de tous les éléments naturels existants). Ces éléments de plus en plus en plus complexes seront eux-mêmes soumis à une expansion continue (constante de Hubble), jusqu'à constituer notre univers visible (amas, galaxie, étoiles, planètes, ...). Cette force unique qui agit entre deux éléments de matière sera elle-même, au cours de l'évolution, différenciée en plusieurs autres (gravitation, force électromagnétique forte, puis faible, ...) selon le type de particules échangées.

L'interprétation chinoise taoïste de l'origine de notre univers est symboliquement assez proche de ces concepts : On s'éloigne du Tao qui est l'Unique, le Vide, par l'effet de forces contradictoires : Yin et Yang (+ et -) : « Un se divise en deux ». Ces forces complexifient la nature des éléments qui lui sont soumis, et leur donnent peu à peu leur caractère propre. Ces forces elles-mêmes revêtent des aspects multiples, caractérisés par la relation particulière qui se noue (l'échange) entre deux éléments. La nature peut alors se remplir et se complexifier. L'homme peut ainsi nommer, différencier et perdre jusqu'au souvenir de l'unité originelle de toute chose. Il faut organiser le chaos qui s'est créé par cette expansion incontrôlable : Nuwah, domptera les multitudes d'eaux en reprisant le Ciel pour ne laisser passer que la quantité utile à l'homme ; l'Archer Yu éteindra de son arc les multiples soleils, pour n'en laisser qu'un seul, suffisant à assurer un climat adapté à la survie de l'homme ; Shen Nong domestiquera la terre pour cultiver les éléments essentiels à la survie les populations, …

Le progrès, pour l'esprit chinois, est un voyage vers le chaos, vers plus de complexité, vers la perte de la vérité. Ainsi, l'humanité, créée à partir du Vide absolu, ne sera-t-elle sauvée par personne, et il ne peut être question de Dieu Rédempteur. Ce sentiment est présent depuis l'aube des temps chez l'homme chinois avec la nostalgie de l'Age d'Or et la perte définitive de l'Unité originelle.

Organiser le Chaos

Le Chaos est le principe fondateur, il suffit de regarder la circulation à Beijing et dans les grandes villes pour s'en convaincre. Le code de la route ne vient qu'organiser ce chaos et ce, de façon accessoire. Les forces contradictoires en jeu sont fixées par la hiérarchie du rapport de force, le plus faible se soumettant au plus fort : soit, le piéton au cycliste, ceux-ci aux motos, puis aux voitures légères, aux grosses cylindrées et, en fin de chaîne, aux voitures officielles (« Les Trois Armes » : la Police, l'Armée, la Marine). Aucun passage piétons n'est respecté, et la gente motorisée rappelle sa priorité naturelle par un concert de klaxons.

Tout ce qui est possible est tenté : dépassements frôlant l'accident ; demi-tours intempestifs (les rues sont souvent séparées en deux par des barrières, seul moyen d'empêcher ce phénomène) ; passages forcés aux carrefours quitte à se retrouver bloqué de longues minutes par le flux ; … La vertu n'aide en rien, et les valeurs confucéennes s'interprètent allégrement : Par exemple la notion de « Rang », qui signifie le fait de céder à l'autre, sa priorité par vertu, est pratiquée communément en demandant au faible de laisser sa place au plus fort ! Eviter ou contourner l'accident est la seule logique à l'œuvre ; tout se permettre, éviter les contraventions et ne pas se faire prendre (Beijing est la ville au monde où les caméras de surveillance routière sont les plus nombreuses) … C'est l'harmonie du chaos !

Dans l'entreprise, on peut aisément retrouver ce type de fonctionnement anarchique où dans l'absolu tout est possible. La règle (imposée par la hiérarchie) n'est pas constitutive du fonctionnement, elle se contente de l'encadrer. La vertu (l'éthique) est détournée au seul intérêt du profit et du succès : tout est a priori réalisable. Seule la sanction possible tempère les ardeurs trop « créatrices ».

1.2 Les premières dynasties : 1900-1350 av. J.-C.

Les historiens chinois commencent leurs récits de l'histoire chinoise avec l'empereur Jaune, souverain civilisateur mythique. C'est de cette période, 1900-1350 av. J.-C., que date le début de la métallurgie et de l'âge de bronze chinois. C'est à cette période que remontent les plus anciennes écailles de tortues marquées de signes et les poteries décorées : Jiaguwen.

Au II° millénaire av. J.-C., la dynastie des Zhou est la première pour laquelle il existe une tradition historique fiable. Elle semble avoir commencé à gouverner par un système de bureaucratie centralisée. Les rois portent le nom de « *Fils du Ciel* » qui légitime leur pouvoir par un mandat céleste. Cette conception perdurera jusqu'à la fin de l'Empire au début du XX°.

La base du pouvoir, devient le « *Mandat du Ciel* ». Les modes de gouvernance édifiés dès cette époque très reculée dans l'histoire perdureront tout au long des siècles, et serviront de référence aux empereurs successifs. Ainsi Yao, Shun et Yu, empereurs mythiques du début de la dynastie, fixeront-ils les règles idéales de succession, préférant, le cas échéant, confier l'empire à un ministre méritant plutôt qu'à un membre de leur propre famille.

Le rapport au mérite dans la société chinoise

La situation est contradictoire. Alors que l'idéal est bien celui que nous venons de décrire, la réalité est tout autre.

Le népotisme prévaut en Chine, mais la société chinoise traditionnelle et actuelle, dans son ensemble, tente d'accorder à tous les mêmes chances, et à encourager les exemples positifs de réussite en dehors de l'origine familiale.

La société chinoise ne fut jamais aristocratique au sens où nous l'entendons. La réussite aux examens impériaux, et donc le mérite, garantissait les honneurs à l'individu, mais aussi à ses ancêtres, qui s'en trouvaient par là-même anoblis. Les descendants pouvaient connaître des sorts variables, et bien que la référence à une grande famille ait toujours été considérée comme un honneur et un avantage, leur place dans la société n'avait rien de systématique. Il faut combiner mérite et naissance !

Les examens impériaux ont toujours été ouverts à tous. Le système mis en place dès l'année 605 (dynastie Sui), mais dont l'origine remonte à la première grande dynastie Han, permet d'assurer cette ouverture. Le parcours du candidat commence à l'échelon administratif le plus bas, et seul a priori le mérite (les cas de fraudes ont toujours existé) permet de gravir péniblement toutes les étapes, pour se terminer dans la Capitale Impériale, et devant l'Empereur pour les meilleurs.

Aujourd'hui, la situation est dans son essence peu différente. Mérite et naissance contribuent ensemble au succès, de façon complémentaire et contradictoire. Le système ne peut être accusé de favoriser vraiment l'un ou l'autre de ces facteurs. La classe dirigeante d'aujourd'hui, il ne faut jamais l'oublier, est largement composée d'individus qui, il y à peine deux ou trois décennies, faisaient partie des immenses contingents de paysans, de miséreux ou de petites gens. La Révolution Culturelle a fait son œuvre de redistribution en cassant profondément les grandes familles de possédants.

Le système connu par son nom anglais de « Princeling », permettant à des fils de notables du Parti Communiste de jouir d'avantages incroyables au sein de la société chinoise existe bien en Chine, et l'on peut parler de nomenklatura à la Chinoise.

Cependant, il serait faux de surestimer ce phénomène, et surtout de penser qu'il est accepté comme une fatalité par la population. Le terme reste très péjoratif, et la situation de ces fils de parvenus précaire. Seule l'autorité de leurs parents détermine leur pouvoir et, comme tout en Chine, le caractère provisoire de cette situation est profondément ancré dans les esprits. Ceci explique d'ailleurs leur comportement de fuite dans une consommation outrée, et parfois dans la démesure ... Carpe Diem !

1.3 Structuration du féodalisme : 12ème avant J.-C.

Au XII° siècle avant notre ère, prend naissance dans le bassin du Fleuve Jaune, une civilisation caractérisée par l'usage du bronze, du char attelé à des chevaux et de l'écriture. Elle s'organise autour d'enceintes abritant les palais et les temples d'une classe noble, dont l'activité principale est l'accomplissement de rites religieux et les expéditions de razzias. L'écriture, alors initiée, se maintiendra dans une extraordinaire continuité jusqu'aux caractères chinois actuels.

1.4 Les rites, les arts (dont le tir à l'arc), la sophistication, la culture : 8ème siècle avant J.-C.

A la fin du VIII° siècle, certaines cités, très éloignées du foyer primitif, commencent à jouer un rôle local prédominant, et s'érigent en capitales de royaume. D'autre part, entre la fin du deuxième millénaire et le VII° siècle, le style de vie de la classe noble se modifie peu à peu, l'essentiel de ses ressources devenant agricoles. Il s'agit toujours d'une noblesse guerrière, mais de plus en plus d'une noblesse de Cour, préoccupée de questions d'étiquette et de protocole.

1.5 Luttes de clans, divisions, alliances

Entre le VII° et le II° siècle avant J.-C., des luttes de plus en plus âpres opposent des confédérations de royaumes, tandis que les grandes familles nobles se livrent à des luttes intestines virulentes. C'est paradoxalement pendant cette période de troubles que la pensée chinoise atteindra son apogée.

Cette période se divise classiquement en deux : L'époque des Printemps et des Automnes d'une part, et l'époque des Royaumes Combattants d'autre part.

1.5.1 L'époque des Printemps et Automnes

Il s'agit de la période allant de la seconde moitié du huitième siècle à la première moitié du cinquième siècle avant J.-C (722-481). Le pouvoir se fragmente au cours de la période des Zhou, époque que les annales nomment période des Printemps et Automnes. Le souverain ne dispose plus que d'une autorité morale. Les principautés deviennent héréditaires, et des conflits militaires font émerger de grands États qui absorbent les plus petits.

1.5.2 Les Royaumes Combattants

C'est la période qui s'étend du Ve siècle av. J.-C. jusqu'à l'unification des royaumes chinois par l'établissement de la dynastie des Qin, en 221 av. J.-C. Il ne reste bientôt plus que sept États principaux, et la période durant laquelle ces quelques États se combattent les uns les autres est connue sous le nom de période des Royaumes Combattants.

Les conflits opposent des armées de fantassins, tandis que le rôle des chars diminue. Une nouvelle arme apparaît, l'arbalète, et les Chinois adoptent la cavalerie des nomades du Nord.

Le système économique est profondément modifié. La mise en culture de nouvelles terres procure au gouvernement central des revenus qui lui permettent de se dégager de l'influence des grandes familles. Les progrès techniques sont remarquables : la fonte remplace progressivement le bronze.

Bien qu'il y eût un empereur Zhou jusqu'en -256, il ne dispose plus d'aucun pouvoir.

1.5.3 La pensée traditionnelle chinoise

Dans un monde en bouleversement, entre le 5ème et 2ème siècle avant notre ère, période couvrant les Printemps et Automnes et les Royaumes Combattants, émergent des mouvements philosophiques tels que le Confucianisme (Confucius), le Taoïsme (Laozi), le Légisme (Han Feizi), le Moïsme (Mozi), qui cherchent des solutions à la crise politique et économique.

Ce foisonnement d'idées, *(« Que cents fleurs s'épanouissent, Que mille écoles rivalisent ! »),* sera interrompu pour de longs siècles avec l'avènement de la dynastie des Qin, puis des Han.

Nous passons du mythe vers l'histoire. Les canons de la pensée chinoise (les quatre livres et les cinq classiques) se figent, et codifient pour deux mille ans l'ensemble des enseignements à tirer des trois mille ans qui se sont écoulés. Ils définissent des normes, mais aussi les formes de divergences acceptables, caractérisées par des écoles de pensée différentes, mais dont le fond philosophique reste commun : les contradictions, le Tao original, les changements et les mutations (le Yin et Yang), la stratégie condensée par Sunzi dans ses principes sur l'art de la guerre. Il s'agit d'analyser la situation et les prémices de son mouvement. Rien n'est au-dessus de la matière et de la situation du moment. Tout est en relation, car tout émane du même Tao.

Pour Confucius, Laozi, et tous les penseurs chinois, tout provient du Vide = le Tao ; tout se complexifie par le biais du Yin Yang ; le chaos complexifié s'organise alors par les hommes et par leurs doctrines qui elles, peuvent varier (les Cents Ecoles). Nous sommes loin des concepts occidentaux de Transcendance, de Dieu, et de l'identification entre les concepts et les mots qui représentent une chose telle que définie par Platon, Aristote et tous les penseurs occidentaux.

Présenter en Occident le Confucianisme ou le Taoïsme comme des religions dénote une grande confusion dans l'analyse que nos sociétés ont pu faire de la société chinoise et de sa philosophie, même si des cultes particuliers et ritualisés ont pu se développer autour de ses pères fondateurs (Laozi et Confucius).

Derrière cette unité conceptuelle fondamentale, les écoles se séparent cependant sur des questions d'ordre pratique : le pouvoir, les classes, la hiérarchie, la nature de l'homme, le bien et le mal, le social et l'individualisme, le libéralisme économique et l'économie planifiée.

Fonder les principes

On comprend aisément qu'un système de gouvernance basé sur le chaos et sur un principe de diversification permanent et trompeur (car faisant oublier l'unité originelle), nécessite des principes d'organisation pour être opérable. Il faut dompter les éléments naturels et les membres de la société.

Le pouvoir joue ce rôle. Pouvoir d'un homme, d'un clan ou d'un système. Le pouvoir abstrait lié à des principes, des idées ou des valeurs, et celui très concret, lié à une organisation administrative et policière, se côtoient et se soutiennent avec la même finalité : organiser le chaos naturel. Les deux ne se différencient ni dans la société ni dans l'entreprise et, quand ils agissent de concert, nous sommes dans l'harmonie. Le pouvoir s'appuie sur la morale qu'il contribue à définir, et celle-ci rend les dirigeants légitimes. Nous assistons donc à la création de plusieurs univers assez clos et opaques, aux intérêts différenciés et auto-justifiés, reliés entre eux par le seul pouvoir suprême de l'Etat (le Ciel ou l'Empereur) qui mandate leur existence.

Nous décrivons ici le fonctionnement de la société chinoise d'aujourd'hui. Chaque entité reproduit ce modèle à son niveau. Une entreprise en Chine n'est autre qu'une de ces unités, fonctionnant avec les mêmes règles, reliées entre elles par les mêmes concepts, et toutes dépendantes du pouvoir central.

Unir et geler, puis explorer les options

L'observateur étranger est à la fois frappé par l'imagination à l'œuvre dans le déroulement d'un projet porté par une entreprise chinoise, mais aussi par son contraire : le conservatisme et le manque de créativité dont font preuve les dirigeants dans son établissement initial.

Le fondateur prend un modèle de développement qui est supposé marcher et a déjà fait ses preuves en Chine ou à l'étranger, et l'inscrit, sans aucune adaptation, dans une réalité souvent tout autre. Il établit les principes de gouvernance et la morale (les « core values », dirions-nous) qui deviennent les fondements de l'entreprise, sa culture.

En revanche, dans la gestion concrète et dans le développement temporel du projet, l'imagination des acteurs, censés mettre en œuvre le modèle choisi, est sans borne. Ce processus est nécessaire, car l'idée de départ n'est en général pas applicable aux conditions concrètes. Nous pouvons dire que dans l'entreprise chinoise, si la créativité conceptuelle de départ est souvent absente, l'impensable dans le processus de développement, lui, n'existe pas. C'est ce que l'on appelle la débrouillardise, le pragmatisme ou la flexibilité du tissu social et économique chinois.

Dans la coopération sino-étrangère, ce qui compte n'est pas vraiment ce que l'on a décidé au départ de faire ensemble, mais le fait, qu'à un moment donné, on s'associe pour le faire, liant ainsi une partie de son futur à celui de l'autre. On s'unit, on gèle le cadre de départ, puis on explore séparément et ensemble ce que l'on va en faire.

La négociation est donc permanente et porte sur tous les aspects, quels que soient les principes de départ, que la partie étrangère croit, à tort, avoir fixés par contrat.

Explicitons un peu plus les différents courants traditionnels de la pensée chinoise qui naquirent durant la période des Printemps et des automnes puis celle des Royaumes Combattants et servent de normes et de références, y compris de nos jours.

1.5.3.1 Le Taoïsme

Nous avons déjà abordé le Taoïsme et ses principes fondateurs. Le fondateur de ce courant fut Laozi, personnage dont l'existence même n'est pas avérée et quasiment mythique. Des sources différentes le font naitre au 6ème siècle ou au 5ème, voire au 4ème siècle avant notre ère. Laozi donna naissance bien plus tardivement (à partir du 3ème siècle après J.-C. et sous les Tang) à un véritable culte encore existant en Chine, avec ses temples et son clergé. Ce culte est d'ailleurs souvent associé au bouddhisme qui permet de lui fournir un Panthéon.

Laozi est supposé avoir écrit le Dao De Jing qui fait partie des Cinq Classiques (les quatre Livres et les cinq Classiques et leurs commentaires resteront jusqu'au début du 20ème siècle la base essentielle de l'enseignement en Chine et la matière unique des examens impériaux). Cet ouvrage ésotérique, mystique et poétique parle plus par le sentiment qu'il communique au lecteur (s'il est capable de lire un texte en langue classique particulièrement difficile) que par un véritable exposé philosophique. D'ailleurs ses premiers mots en fournissent le programme :

« La Voie (Dao) que l'on suit n'est pas la Voie véritable (ou immuable – permanente),

Le Nom que l'on nomme ne saurait être le vrai nom (ou constant) ».

Ainsi, le Taoïsme est-il basé avant tout sur la méfiance dans les systèmes construits par l'Homme et dans l'utilisation même des dénominations. Ce texte est basé sur des paradoxes comme : le Vide donne sa forme au Plein, la Laideur seule permet de caractériser la Beauté, l'Utile a moins de valeur que l'Inutile, la Passivité moins d'efficacité que la Force ... Au niveau de la politique, c'est le « Non Agir » - suivre le cours naturel des choses - qui représente le mode idéal de gouvernement. Sur le plan personnel, le livre incite le lecteur à opérer un retour sur lui-même, et à s'échapper des contingences sociales. Ce dernier point sera la base « théorique » des Arts Martiaux chinois, de la gymnastique toujours pratiquée en Chine (Tai Qi) ou de certaines formes de méditation (Ecole Chan en Chine ou Zen au Japon). Notons que ces pratiques individuelles ne sont pas nées avec le Taoïsme mais existaient déjà dans la culture animiste des premiers moments de la civilisation chinoise ; de même, des courants introduits bien plus tardivement en Chine ont profondément inspiré ces pratiques (la méditation Bouddhique par exemple et le Yoga).

Le texte le plus achevé du Taoïsme fut indéniablement le Zhuangzi (389 – 300 avant J.-C.) du nom de son auteur. Véritable hymne à la liberté, il reprend les thèmes fondamentaux du Dao De Jing en y apportant des éclairages et de nombreux exemples illustrant les paradoxes. Se baigner dans ce texte poétique, le lire et le relire (si possible dans le texte chinois, le texte est un peu plus abordable que le Tao De Jing) nous permet peu à peu de pénétrer profondément dans la pensée chinoise et quelque part, de revisiter sur une base critique les principes fondateurs propres à notre propre culture. Revisiter n'est d'ailleurs pas comparer, critiquer, différencier, classer, adopter, … Dans le processus mental mis en jeu dans l'appropriation même de ces textes, la pensée de Zhuangzi nous enseigne plutôt à absorber, fondre, s'imprégner …. A ne pas chercher à « comprendre », à accepter les contradictions sans jamais tenter ni de les expliciter ni de les dissoudre !

1.5.3.2 Le Confucianisme

Confucius (551 – 479 avant J.-C.) jouera un rôle essentiel dans toute l'histoire chinoise. Contemporain supposé de Laozi, il fut avant tout un éducateur et un pédagogue, et somme toute un mauvais politicien. Il fut l'auteur des Entretiens ou Analectes mais on estime également qu'il fut de fait celui qui retrouva, et peut être (ré) écrivit lui-même, les anciens classiques des temps immémoriaux de la Chine : Canons des Odes, des Rites, de la Musique, de l'Histoire, ...voire peut être le Livre des Mutations (mode de divination par les hexagrammes).

En cette période de profonds troubles sociaux et politiques, Confucius tirera le bilan de ses tentatives infructueuses pour tenter d'y remédier. Au cours d'entretiens donnés à ses disciples, il développe une pensée basée sur la nécessité d'assurer l'harmonie par le recours au respect de l'ordre et de la hiérarchie, aux rites et au perfectionnement individuel par l'étude (le Junzi ou gentilhomme noble de nom mais aussi de cœur).

La postérité présentera Confucius au gré des volontés des dirigeants et toujours pour servir une cause et atteindre des objectifs précis : Révolutionnaire permettant de contredire l'Empereur et ainsi le préserver pour conserver son mandat du Ciel ou ultraconservateur imposant à l'inférieur un respect scrupuleux du supérieur, à la femme sa soumission à l'homme et à l'enfant une subordination sans limite au père.

Ainsi, dans l'histoire très récente de la Chine a-t-on a assisté à deux interprétations bien différentes de Confucius : Durant les années 1973 -1974, la femme de Mao Ze Dong, Jiang Qing lancera la Campagne « critiquer Confucius et Lin Biao », pour viser directement le Premier Ministre Zhou En Lai, censé représenter les valeurs confucéennes réactionnaires de soumission de classe contre la révolution. Aujourd'hui, on assiste à un certain retour du Confucianisme pour mettre au contraire en valeur son aspect révolutionnaire. Le Confucianisme s'oppose à un ordre trop autoritaire (celui du Parti) et restaure notamment, dans la jeunesse, des valeurs mises à mal par l'économie trop libérale et le matérialisme ambiant. Le terme d'Harmonie, mis en avant aujourd'hui par le pouvoir en place comme un mot d'ordre politique, représente lui-même un emprunt direct à la doctrine confucéenne.

Autre paradoxe : Confucius a dit ne parler qu'aux hommes et ne pas s'occuper des esprits ni de métaphysique. Son strict respect pour les rites a cependant conduit par la suite (à partir de la Dynastie Song), à la naissance d'un véritable culte le plaçant au rang de divinité. Ce culte intègrera des concepts taoïstes et bouddhistes, et créera une véritable orthodoxie, qui a encore toute sa place dans la société chinoise (et coréenne ou japonaise).

Mencius et Xunzi, deux grands penseurs chinois, se poseront, quelques décennies plus tard, en continuateurs orthodoxes de la pensée de Confucius, et l'adapteront aux réalités de leur temps. Ces deux disciples s'opposeront sur l'interprétation à donner aux notions de morale et de bonté naturelle, et à leur caractère inné ou acquis. Ces deux philosophes, sur ce même sujet de la morale, se retrouveront pour dénoncer ensemble les dérives sectaires du Moïsme (de son père fondateur Mo Zi : 470 – 391 avant J.-C.) qui prônera complètement, à l'inverse de Confucius, que l'homme est bon par nature, et que seuls l'éducation, les rites et les codes peuvent le rendre mauvais. Abolir ces règles, permet donc à l'humanité de retrouver sa véritable Harmonie.

Les polémiques sur la morale et l'action politique débattues par les commentateurs et disciples, entre les pensées de Confucius, Mencius (372 - 289 avant J.-C.), Xunzi (312 – 230 avant J.-C.) ou encore Mozi (Les Cents Fleurs et les Cent Ecoles) sont considérées par le Taoïsme comme sans fondement réel, et l'illustration parfaite de la confusion des esprits qui intervient quand on cherche à fonder des concepts ou des actions politiques, sur des mots. Zhuangzi cite ainsi fréquemment ces personnages qui l'ont précédé ou des contemporains et, met en scène Confucius en train d'échanger avec Laozi qui le considère comme son élève.

1.5.3.3 Le Légisme

Personne n'a osé caractériser le Légisme comme une religion, et aucun Chinois n'a tenté de faire de son père fondateur, Han Feizi (280-233 avant J.-C.), une divinité. Le Légisme est peu cité, y compris par les Chinois, comme s'ils en avaient « honte ». Le Han Feizi est pourtant le mode chinois de pensée politique, économique et social le plus achevé et le plus précis jamais réalisé.

A la fin de l'époque des Royaumes Combattants, Han Feizi issu d'une famille noble, établira des principes de gouvernement applicables par les Princes Hégémons, censés leur assurer la victoire sur l'Empire et l'unifier. C'est exactement ce qui s'est passé avec le roi Ying Zhen du petit Etat des Qin qui deviendra le fondateur de la première grande Dynastie chinoise des Han (voir chapitre suivant).

Comparé à Machiavel en Occident, la pensée de Han Feizi se fonde sur la création d'un Etat fort et autoritaire, disposant d'une police et d'un corps administratif capables d'exercer partout un contrôle strict sur la population. Cet Etat met en place un système de lois (d'où le terme Légiste) régissant tous les comportements, et chacun est supposé voir un jour ses actes connus du pouvoir et jugés par celui-ci. Le caractère automatique de l'usage de la punition est prévu.

Dans le même temps, ce système s'accompagne de l'arbitraire le plus total au niveau des peines ou des récompenses applicables (par leur automatisme). Ceci est laissé à l'appréciation des supérieurs et, in fine, à l'Empereur lui-même. Ce dernier est donc supposé tout savoir, et son jugement ne doit jamais être prévisible. L'arbitraire dans l'application des peines et dans la remise des récompenses encourage la prise de risque, et rend inutile la flagornerie.

La meilleure stratégie individuelle possible consiste à agir de façon déterminée mais loyale, pour exercer sa tâche ou sa mission par tous les moyens possibles, tout en sachant qu'il peut être ainsi amené à tout moment à s'exposer à des sanctions : la récompense est alors possible, mais la punition également. L'autre stratégie envisageable consisterait en une passivité totale qui elle, serait réprimée par l'Etat (manquement à sa mission) : la sanction sera alors certaine et la récompense impossible.

Toute la société est sous pression. Personne n'est censé pouvoir, par la dissimulation de ses actes, échapper à cette problématique, car le Pouvoir est dans la capacité de tout connaître. Ce qui est attendu est un ordre social qui encourage l'initiative individuelle et la prise de risque, tout en l'encadrant (notamment le principe d'obéissance absolu à l'Empereur et au Supérieur) afin qu'aucune force de pouvoir concurrente ne puisse avoir une chance de s'établir (car alors immédiatement et impitoyablement châtiée).

Si chacun intègre cette loi comportementale, les tâches seront bien remplies, le pouvoir n'aura plus besoin de recourir aux peines, et se sentira protégé des tentatives d'usurpation par les ministres trop ambitieux. A ce stade, il suffit de laisser en place un système (même fictif) qui fait croire à la population que, si le Pouvoir le désire, il peut tout savoir et tout contrôler. L'Empereur n'aura qu'à exercer ses fonctions rituelles (régulées sur le mouvement de la nature par l'exercice de son Mandat Céleste), et ne plus avoir à agir (principe taoïste du Non-Agir). Son intervention, synonyme d'échec du système, devient inutile. C'est l'Harmonie.

Dans le domaine économique, le Han Feizi décrit quasiment la main invisible du marché chère à Adam Smith et, dans des termes assez proches. L'intervention du Pouvoir est négative. Il faut laisser les phénomènes économiques s'autoréguler par le fait même qu'il existe des lois intégrées par tous, et que la transparence des transactions est acquise. Il ne faut pas aider les pauvres et les incapables, car ce serait les encourager à la paresse et dissuader l'effort. Quant aux riches, il faut simplement qu'ils sachent (ou pensent) qu'ils sont surveillés en permanence. Ils se garderont bien alors de dépasser une ligne jaune (non clairement tracée), avec des conséquences imprévisibles.

Han Feizi pense que l'homme est profondément égoïste et mauvais, contrairement à Mencius, mais de façon assez proche de celui dont il faut le disciple : Xunzi. En revanche, contrairement à ce dernier qui reste confucéen, il pense que l'éducation ne peut pas y remédier, et que seul un système d'Etat basé sur les lois peut rendre la société viable.

Han Fei Zi fait partie indéniablement du courant taoïste car les lois émises par l'Etat sont considérées comme des lois naturelles, notamment l'obéissance, et il faut donc simplement s'y conformer sans même réfléchir. L'idéal à atteindre est le « Non-Agir » et le retrait taoïste.

Que reste-t-il des trois sagesses chinoises ?

On appelle ainsi en Occident le Taoïsme, le Confucianisme et le Bouddhisme, supposés constituer les bases idéologiques de la société chinoise comme, pour nos pays, la morale ou les religions judéo-chrétiennes.

Tout d'abord, et comme nos mousquetaires, il nous semble il y en avoir au moins quatre ! L'Occident et la Chine oublient facilement l'influence de la pensée légiste dans la tradition chinoise. De plus, ces trois ou quatre sagesses, ou plus encore, ne sauraient cacher la profonde unité qui existe entre ces différents courants de pensée, et la place relative qu'ils occupent tous ensemble dans la mentalité chinoise.

Nous n'avons pas encore parlé du Bouddhisme qui est une véritable religion importée des Indes, fortement métaphysique. Elle n'apparaîtra en Chine que bien plus tard dans notre approche chronologique et historique. Expliquer le Bouddhisme dépasse le cadre de cet essai. Nous remarquerons simplement comment les Chinois ont réussi à intégrer les principes de cette religion, à les transformer et à les siniser, en les intégrant parmi les autres écoles de pensées spécifiques à la Chine.

Ainsi, aujourd'hui les Chinois prennent-ils :

La pensée légiste comme justification morale au libéralisme ambiant et au pouvoir totalitaire fort imposé à la population,

La pensée confucéenne, méthode d'éducation idéale et mode de ritualisation de la vie sociale, cache une réalité des relations basées sur l'égoïsme et les intérêts de clans,

La pensée bouddhiste comme minimum de vision spirituelle et métaphysique (importée, et cela n'est pas sans rapport) nécessaire à l'homme face aux grandes questions sur la vie et la mort, les esprits et l'au-delà, la rétribution suprême des mérites et la punition des fautes,

Enfin, la pensée taoïste comme pensée magique (médecine chinoise, nourriture, forces de la nature, ...), le besoin de création et de liberté, l'affirmation solitaire de soi.

Il n'y a rien là de contradictoire. Tout cela peut coexister chez une même personne, et ne prédispose pas à des actes irrationnels ou confus, au contraire.

Cette forme de syncrétisme non théorisé est propre à la Chine, qui ne recherche pas une synthèse théorique, une explication globalisante. La pensée chinoise accepte des concepts contradictoires, et les applique ensemble, en se contentant de les situer sur des plans différents, ou de les adapter selon les circonstances. La pensée chinoise n'est pas encadrée ou formatée par une « sagesse » particulière (et encore moins par des mots ou des

« ismes »). Seuls dominent le pragmatisme, la flexibilité et un système qui consiste à fusionner, uniquement dans la pratique, des apports variés et, selon nous, contradictoires : les trois ou quatre sagesses, mais aussi le libéralisme, le communisme, le tiers-mondisme .... ou encore l'animisme (la « religion » de base des Chinois), le christianisme (de plus en plus présent). Le cas des musulmans chinois ou des tibétains et autres minorités nationales est à traiter séparément. Enfin, aujourd'hui, ce qui semble emporter encore plus les suffrages des jeunes est une forme de communion virtuelle rendue possible par l'Internet et les nouvelles technologies : peut-on parler d'une sagesse ? En tous les cas, ceci conditionne très fortement les comportements des jeunes dans leur vie de tous les jours, mais aussi dans leur vision conceptuelle (bien plus que Confucius que peu d'entre eux ont d'ailleurs vraiment lu.

1.6 Marche vers l'unification - Création du concept de Chine - Les dynasties

1.6.1 L'Empire Qin (220 av. J.-C....)

Vers -220, le prince Zheng de la principauté Qin parvient à conquérir les autres États, et se proclame empereur de la dynastie Qin. Son règne de onze ans, unifie la Chine sous un gouvernement étroitement centralisé basé à Xianyang, près de Xi'an. Il débute la construction de la Grande Muraille. La dynastie des Qin s'effondre, et la dynastie Han lui succède après une période de guerres civiles.

C'est la victoire des légistes, de Han Feizi (Le Machiavel chinois), et des réformistes comme Shang Yang.

L'histoire chinoise analysera sans fin cette courte période qui voit la création de la première grande dynastie Chinoise, les Han, dont le modèle sera reproduit jusqu'au début du 19ème siècle avec quelques modifications relativement faibles. La Chine semble s'être ainsi figée pendant 2000 ans, satisfaite d'elle-même et de son avancée politique. Peu de penseurs s'élèveront pour remettre en cause ces fondements, et peu de réformes du système seront réellement entreprises. Les principes sont : le Taoïsme, le libéralisme économique manifesté par la théorie du « Non-Agir », le pouvoir absolu, immobile et omnipotent.

On lira sur ce thème essentiel pour comprendre la Chine, le roman historique de Jean Levy : « L'Empereur et les Automates ».

1.6.2 L'Empire Han (202 av. J.-C. – 220 après. J.-C.), les Trois Royaumes

C'est aussi la première dynastie à adopter le Confucianisme, qui devient le soutien idéologique de toutes les dynasties jusqu'à la fin de la Chine impériale. Sous les Han, l'histoire et les arts s'épanouissent, de nouvelles inventions améliorent la vie, et les empereurs renforcent et étendent l'Empire chinois. Avec l'établissement de la Route de la Soie, se crée un commerce entre la Chine et l'Occident. – Han – Rome.

L'Empire Romain communique en effet dès cette époque avec la dynastie Han. Des légions romaines se seraient même établies en Chine, et auraient donné naissance à des populations locales aux traits physiques européens. Ce point est toutefois fortement contesté par les chercheurs sérieux qui voient plutôt là des légendes encouragées par des municipalités chinoises en mal de publicité. (Nous faisons référence à un village retiré, du nom de Zhelaizhai, dans le district de Yongchang, dans la province du Gansu).

Après les destructions et autodafés, les normes (« Zhengming ») se figent pour 2000 ans : le pouvoir, les structures sociales et familiales, les caractères chinois, l'histoire de la Chine (réécrite depuis l'origine par Sima Qian dans le Shi Jing), les poids et mesures, les livres canoniques, etc.

Au début du troisième siècle après J.-C., la Chine se divise en trois royaumes. L'empire se fractionne. Le pouvoir impérial des Han existe toujours nominalement, mais se réduit à un enjeu entre grands princes feudataires : Cao Cao (pays de Wei), Liu Bei, appuyé par le fameux stratège Zhuge Liang (pays de Shu) et Song Quan (pays de Wu), sont connus de tous les Chinois. Leur histoire est retracée dans le livre fleuve « le Roman des Trois Royaumes » qui commence en ces termes : *« Ce qui fut longtemps divisé doit un jour retrouver son unité, et ce qui fut longtemps uni se divisera fatalement à nouveau ».*

La lecture de ce roman historique et de stratégie (le passage de l'unité vers le désordre, du désordre à un ordre relatif à trois – tripode –, puis le retour à l'unité et à une nouvelle dynastie) nous éclaire sur les fondements de la féodalité chinoise, l'aspiration à l'unité de la Chine, et le rôle attribué aux hommes illustres dans l'explication chinoise de l'histoire.

1.6.3 La dynastie Sui (589 – 618)

Ce fut une des plus courtes dynasties de l'histoire chinoise et, à plus d'un titre, elle présente des similitudes avec celle des Qin qui donna naissance aux Han.

C'est une de ces phases de transition dialectique où, parmi les forces contradictoires agissantes, on assiste à un renversement assez brutal et violent des fondamentaux, et où l'on voit le désordre se structurer pour préparer le terrain à un nouvel ordre.

La Chine a connu depuis la fin des Han 360 ans de divisions entre des états concurrents, tous prétendant assumer un jour le rôle d'unificateur et restaurer un pouvoir central fort sur l'ensemble du territoire.

Une première clarification structurante apparait en 420, et durera jusqu'en 589, avec ce que l'histoire a appelé les Dynasties du Nord et du Sud. La Chine est alors partiellement dominée par deux états rivaux, l'un au Nord où l'influence des barbares reste prédominante, et l'autre au Sud, plus raffiné, plus « chinois », où les élites mandarinales et confucéennes se sont réfugiées.

En 589, le général d'origine mi chinoise, mi barbare, Yang Jian, réussit de son territoire des Zhou du Nord à imposer de force sa volonté sur le pouvoir déclinant et corrompu du Sud.

Nous assistons alors, en une courte période de 27 ans seulement, à une de ces phases où les contradictions se réunissent, et où l'ordre du vainqueur se fond avec celui des vaincus, pour donner naissance à une nouvelle phase de stabilité.

Cette fusion sera symbolisée dans la pratique par deux chantiers pharaoniques qui épuiseront le pays : la création du plus grand canal jamais réalisé par l'homme, long de 1800 kilomètres, reliant le Nord et le Sud, de Beijing à Hangzhou ; et la consolidation de la Grande Muraille contre les « autres barbares » du Nord.

Enfin, la dynastie Sui marque une réconciliation partielle entre deux cultures et deux courants linguistiques séparés depuis près de quatre siècles, en assurant définitivement la prédominance des traditions chinoises confucéennes (examens impériaux) et du Bouddhisme.

Les élites chinoises du Sud, pourtant vaincues, assurent donc leur suprématie en termes de valeurs sur les barbares du Nord. Ce sont d'ailleurs d'autres « barbares » du Nord, et notamment les Coréens, qui viendront à bout de cette dynastie épuisée et ruinée par les grands travaux et la surexploitation du peuple.

Les leçons de la dynastie Sui

Les historiens chinois ont su analyser avec une grande finesse la succession d'ordre et de désordre, les prémices des changements en préparation et les phases transitoires qui l'accompagnent.

Ils ont conclu à l'impossibilité théorique d'assurer une permanence dans la stabilité, et au caractère cyclique des systèmes mis en place. Les forces contradictoires qui agissent (par exemple interne = Chine, et externe = barbares) ne trouvent jamais la résolution de leur conflit dans une fusion définitive, ni dans une disparition totale de l'une sous la domination de l'autre.

La Chine d'aujourd'hui a hérité de cette dichotomie Nord-Sud, de l'aspiration à l'unité (le grand Canal, la Culture chinoise), de la volonté commune de préserver l'ensemble d'un extérieur encore plus menaçant (la Grande Muraille), mais aussi de la persistance de traditions culturelles, politiques et sociales profondément séparées, voire antagoniques qui, le cas échéant, peuvent conduire à un affrontement violent.

Nous ne sommes pas très loin de ce tableau quand nous observons aujourd'hui l'unité et la stabilité apparente de la Chine. La phase transitoire violente dura également un peu moins de trente ans, et recouvrit la période post-révolutionnaire de 1949 à 1978.

1.6.4 L'Empire des Tang (618-907)

C'est donc en 618 qu'une nouvelle dynastie, les Tang, prend le pouvoir, et qu'une nouvelle ère de prospérité commence. Cette dynastie doit aux Sui sa légitimité et en est le prolongement, comme les Han le furent après les Qin.

C'est d'ailleurs la renaissance du pouvoir Han et de sa culture qui servira de base idéologique aux nouveaux dirigeants. Les empereurs Tang ont le sentiment profond d'être la seconde réelle dynastie de l'histoire chinoise après celle des Han.

Le Bouddhisme, qui s'était lentement introduit en Chine au 1er siècle, devient la religion prédominante, largement adoptée par la famille royale.

Chang'an, l'actuelle Xi'an, capitale de l'époque, est la plus grande ville du monde. La culture et les arts atteignent leur apogée (voir encadré ci-dessous).

Cependant, les Tang finissent par décliner sous la pression de nombreuses révoltes paysannes réprimées dans le sang, et le pouvoir central sombre dans le chaos général. La Chine allait connaître alors un nouveau morcellement : la période des Cinq Dynasties et des Dix Royaumes.

La poésie

La Dynastie Tang reste associée au développement de la Poésie et des Arts. Il s'agit de l'apogée de la pensée artistique qui ne fut jamais égalé ensuite. L'esthétisme et la liberté du créateur sont glorifiés comme seule échappée virtuelle possible au pouvoir absolu et inhumain des empereurs et des mandarins, aux horreurs sociales et aux guerres incessantes.

Le mythe de l'ermite qui, déçu du monde, se réfugie dans la poésie est toujours aussi vivace en Chine. Cette facette du caractère existe presque chez chaque Chinois, et ne s'exprime qu'à l'issue de longs banquets arrosés d'alcool et auprès d'amis (connaissant leur « cœur véritable »). Sacrifier à ces traditions est un devoir pour tout étranger se déplaçant en Chine et souhaitant y développer des relations d'affaires. Pouvoir citer quelques phrases classiques tirées de poèmes que chacun connaît par cœur, ou agrémenter son propos d'image en quatre caractères (les fameux proverbes chinois), fera alors le meilleur effet (à défaut de pouvoir s'exprimer en chinois, des références identiques tirées de sa propre culture produiront le même effet, si le traducteur en perçoit la finesse et sait les traduire habilement). Les Chinois croiront alors reconnaître « l'Homme véritable » qui se cache dans le businessman, et auront l'impression d'assister à une véritable communion des esprits, au-delà des conventions sociales et du formalisme imposé. La relation, le Guanxi, commence ainsi, c'est une étape obligatoire.

1.6.5 Les Mongols et la dynastie des Ming (1368 - 1644)

L'arrivée des Mongols au pouvoir, ouvre une période de paix dans toute l'Asie. C'est la PM, Pax Mongolica, qui permet à des Occidentaux comme Marco Polo, de voyager dans toute la Chine.

Les Mongols se partagent entre ceux qui veulent rester dans les steppes et ceux qui veulent adopter les coutumes du peuple conquis. Kubilaï Khan fait partie du dernier groupe et établit la dynastie Yuan, la première qui dirige tout le pays avec Pékin pour capitale.

Une révolte populaire marque le début de la dynastie Ming en 1368, période de renaissance culturelle et économique. L'armée régulière compte un million d'hommes. Plus de dix tonnes de fer par an sont produites en Chine du Nord. Beaucoup de livres sont imprimés grâce à des caractères mobiles. A bien des égards, la Chine est le pays le plus avancé du monde.

Hongwu, le fondateur de la dynastie, pose les bases d'un État fondé sur les revenus agricoles plus que sur le commerce. Le système économique des Ming met l'accent sur l'agriculture, contrairement à la dynastie Song, qui s'appuyait, elle, sur les marchands et les négociants.

Le système foncier féodal s'arrête avec la dynastie Ming. De grands territoires sont confisqués, fragmentés et loués. L'esclavage privé est interdit, et le petit paysan propriétaire prédomine dans l'agriculture chinoise.

Le rôle de l'empereur devient encore plus autocratique. C'est l'apogée du pouvoir absolu.

Sous les Mongols, la population avait baissé de 40 % pour atteindre environ soixante millions d'individus. Deux siècles plus tard, elle a doublé.

L'urbanisation progresse. De grands centres urbains, comme Nankin et Pékin, contribuent au développement de l'industrie privée. Les petites entreprises se spécialisent dans le papier, la soie, le coton et la porcelaine.

Cette période correspond à une extension de la zone d'influence des Ming. Sous le règne de l'empereur Yongle, des expéditions chinoises explorent des terres et surtout des mers inconnues. L'apogée de cette période exploratrice est l'épopée de Zheng He, eunuque chinois qui va jusqu'en Afrique, et dont la flotte aurait entrepris l'exploration de la totalité du globe, atteignant l'Australie et les Amériques.

Les Chinois, en encourageant les ambassadeurs des autres pays à leur payer des tributs, et en se montrant eux-mêmes extrêmement généreux avec tous les États de leur zone d'influence, ne cherchent pas à retirer des bénéfices matériels de ces voyages, contrairement aux Européens qui commencent à explorer les côtes ouest de l'Afrique quelques décennies plus tard. À la fin du XV°, la Chine interdit à ses sujets de construire des navires de haute-mer et de quitter le pays.

Après l'invasion étrangère, la Chine revit. C'est l'époque où la ville de Jindezhen devient un site de production de porcelaine unique au monde, tant par la qualité des artistes qui y travaillent que par les quantités produites. La soie également fait l'objet d'une production de masse, associée à un raffinement sans pareil dans l'exercice de création et de réalisation.

La Chine est alors l'usine du monde ! La production est écoulée dans le monde entier. Les produits chinois sont aussi indispensables aux bourgeoisies européennes que le textile chinois l'est aujourd'hui aux consommateurs occidentaux.

La Chine est également le bureau d'étude du monde (cf. « La Science Chinoise et l'Occident », de Joseph Needham) et un grand atelier de création, laissant ainsi présager de ce que, de nos jours, peut attendre l'Occident.

Cependant, on l'a vu, la Chine ne sera pas impérialiste, par désintérêt, et par le sentiment que rien n'existe de plus achevé que sa civilisation à qui il ne manque rien (nous, Occidentaux, sommes qualifiés de « barbares étrangers », et le pays du Milieu n'aurait rien à y apprendre).

Concept de Chine - Les invasions - Les barbares au pouvoir

Dans l'inconscient collectif chinois, le terme de Chine (Pays du Milieu) revêt un pouvoir quasi mystique. Seules d'ailleurs les entreprises d'Etat peuvent indiquer dans leur dénomination, et en tout début de celle-ci, la mention de Zhong Guo.

La Chine a subi tout au long de son histoire des dominations étrangères, mais a su préserver une unité et absorber ces influences, sans s'en trouver en apparence profondément modifiée. C'est là le mythe constructeur de la Chine. Il n'est pas besoin d'analyser la véracité de cette permanence supposée, ni même les caractéristiques ou mécanismes propres qui auraient permis ce conservatisme national face aux influences externes. Seules des images suffisent à le décrire : le dragon, le long fleuve tumultueux et indomptable, les hautes montagnes et la mer profonde, le Ciel couvrant tout, etc.

Tout étranger en Chine, toute idée importée, toute technologie introduite sont voués dans l'imaginaire chinois (s'ils ne sont pas rejetés d'emblée) à être absorbés, immergés, puis sinisés (Guochanhua = transformation en production nationale).

Penser autrement pour une entreprise étrangère, revient à s'exposer à de graves désillusions sur le long terme, et les victoires de pénétration ne sont que temporaires. C'est la façon dont les Chinois voient les choses, comment ils pensent la finalité de ce qui ne peut être qu'une confrontation entre l'interne (nei) et l'externe (wai), et dont l'issue est de se fondre en « un » proprement chinois.

Nous pouvons cependant douter de cette analyse et de son caractère permanent. Il est vrai que développer son entreprise en Chine, c'est être exposé au sens du temporaire et au changement, donc à l'insécurité. Cependant, rien ne dit qu'une telle loi soit toujours applicable.

La confrontation économique entre l'Occident et la Chine est nouvelle par son ampleur, et surtout par le fait de la réciprocité grandissante des échanges (ce qui ne s'est jamais produit dans l'histoire). Le rapport Occident-Chine s'est grandement complexifié depuis une dizaine d'années. Les paramètres historiques de départ ne sont pas nécessairement les mêmes, et leurs conséquences supposées n'ont plus la même valeur prédictive.

1.6.6 La dynastie mandchoue Qing (1644 – 1911)

La dernière dynastie est établie en 1644 quand les nomades mandchous, incorporés dans l'armée, renversent la dynastie nationale des Ming, et fondent la dynastie Qing, avec Pékin pour capitale.

Au cours du demi-siècle suivant, les Mandchous s'emparent du Tibet et de la Mongolie. Le déclin amorcé sous les Ming se poursuit sous les Qing.

L'empereur Kangxi fait rédiger le plus complet des dictionnaires de caractères chinois jamais réalisé et, sous l'empereur Qianlong, on compile le catalogue de toutes les œuvres importantes de la culture chinoise. On compile et copie ; on ne crée pas.

La période Qing voit aussi se poursuivre le développement de la littérature populaire, avec des œuvres telles que « Le Rêve dans le Pavillon Rouge », un des plus grands romans chinois avec « Le Roman des Trois Royaumes », « Au bord de l'Eau », « Le Voyage en Occident », « La Forêt des Lettrés », « Le Rou Putuan » érotique.

Des progrès comme la triple récolte annuelle de riz, permettent à la population de passer au cours du XVIII° siècle de cent quatre-vingts à quatre cent millions d'individus.

La Chine vivra entre les années 1760 et 1860 sa troisième période de croissance, de relative stabilité et de développement social et intellectuel. La première « Période d'Or » s'établit pendant la période des Printemps et des Automnes, la seconde pendant les Tang, et la période Qing de Kangxi, et Qian Long constitue la dernière. Il faut noter que chacune de ces plages de développement n'auront duré en tout et pour tout que moins de 100 années chacune. C'est peu pour 5 000 ans d'histoire ! …

Le goût de la stabilité

Ajoutons que la quatrième et dernière période de ce type, marquée par l'avènement de Deng Xiao Ping juste avant 1980, dure toujours, et s'étend jusqu'à nos jours. On peut comprendre pourquoi aujourd'hui les Chinois souhaitent avant tout la stabilité, et apprécient ces années sans guerre et de croissance comme une exception historique quasi unique. Mais le retour des vieux démons parait inéluctable, car il en est ainsi des cycles, et c'est dans la nature des choses.

Dans nos relations avec les Chinois, nous devons garder en tête cette réalité vécue, et se garder de tout mépris de nantis quand nous qualifions de « petit bonheur » ou « petite prospérité » ou « petite sécurité » le niveau auquel les Chinois ont enfin accès depuis 30 ans environ, et dont ils ont été privés pendant 4700 ans ! Tout est relatif, et gardons-nous de nous moquer des aspirations d'un peuple qui, plus que tout autre, a souffert, et qui garde marqué à jamais dans son comportement de tous les jours les traces de ces privations.

Quelques exemples parmi d'autres : les familles économisent plus de 50% de leurs revenus ; gaspiller et ne pas tirer profit de tout est presque vu comme un crime ; il n'y a pas encore longtemps les Chinois en guise de salut demandaient à leur interlocuteur s'il avait déjà mangé ; la frugalité, voire l'avarice, est commune en Chine. On compte tout.

La Chine se contente de ce qu'elle a, y compris sur le plan politique et des libertés, et revendiquer toujours plus comme un droit est encore largement absent des comportements (bien que la jeunesse chinoise commence à y prendre goût). Les Chinois n'ont pas d'avantages acquis à défendre, et ont également le sentiment que le peu qui fut acquis reste précaire et peut, d'un jour ou l'autre, être remis en cause.

On profite du quotidien, on vit dans le présent, on chérit l'avenir immédiat (l'enfant), en espérant pour lui une bonne étoile et peu de changements porteurs d'inquiétudes.

En revanche, la Chine ne réagit pas à la supériorité technique de plus en plus évidente des Européens qui viennent commercer à Canton, dans le domaine des armes ou des navires, ni à leur implantation de plus en plus forte dans l'Océan Indien. Mais à l'époque, les Européens ne pensent pas encore pouvoir se mesurer à la Chine.

Au cours du XIX° siècle, le pouvoir des Qing s'affaiblit et la prospérité diminue. La Chine subit une forte agitation sociale, une stagnation économique, une croissance démographique explosive, et des ingérences de plus en plus marquées de la part des puissances occidentales.

A partir des années 1850, la Chine est en proie à une série de troubles internes graves. La domination mandchoue est en passe de perdre le *« Mandat du Ciel »* et menace de s'effondrer, et les troubles achèvent d'appauvrir le pays. Les révoltes touchent à la fois les peuples nouvellement conquis par les Qing (rebellions des Nian, agitation entretenue par la Russie dans les provinces frontalières, soulèvements dans le Xinjiang et en Mongolie), mais aussi le peuple chinois, lassé d'une dynastie étrangère et aspirant à se diriger lui-même.

La Rébellion Taiping, 1851–1864, a certainement été la guerre civile la plus sanglante de l'histoire humaine. C'est un choc entre les forces mandchoues décadentes de la dynastie Qing et celles de Hong Xiuquan, un Hakka converti au Christianisme et autoproclamé Messie et jeune frère de Jésus-Christ. Hong Xiuquan et ses disciples, ainsi qu'une armée de paysans dévots, séduits par les visions et prophéties de leur guide, établissent le Royaume Céleste de la Paix Transcendante et prennent le contrôle d'une part significative du Sud de la Chine.

En 1853, les rebelles prennent la ville de Nankin, et en font la capitale du royaume Taiping. A leur apogée, les Taiping contrôlent la majeure partie du sud et du centre de la Chine. Les règles de vie qu'ils commencent à instaurer sont très en avance sur leur temps, en particulier pour ce qui concerne l'intégration des femmes à la vie sociale.

Une armée chinoise, commandée par le général britannique Ch.G. Gordon, sauve la dynastie mandchoue en écrasant l'insurrection des Taiping en 1864. On estime le total des victimes de cette guerre civile entre 20 et 50 millions de morts.

En 1800, la Chine réalise 25% à 30% du PIB mondial, et l'Asie plus de 50%. La Chine est alors la première puissance exportatrice du monde, et il nous faut noter que les échanges économiques entre nations sont à ce moment-là, en proportion des richesses nationales consommées, encore plus importants qu'aujourd'hui (la mondialisation n'est pas une idée si nouvelle).

La volonté britannique d'ouvrir le commerce et notamment de poursuivre ses exportations d'opium, que des édits impériaux rendaient illégales, aboutit à la première guerre de l'opium, en 1840, et à la défaite chinoise. Il s'est agi de la part des puissances coloniales et notamment des anglais, d'une tentative d'un cynisme incroyable pour renverser en leur faveur les termes de l'échange. Rien n'intéressait vraiment les Chinois dans la production anglaise. Seul l'opium cultivé dans les possessions de l'Empire Britannique, pouvait se présenter comme une monnaie d'échanges pour les thés, soieries, porcelaines et autres objets importés de Chine.

Le Royaume-Uni obtient la cession de Hong Kong au traité de Nankin en 1842 pour 150 ans, ainsi que l'ouverture d'autres ports au commerce européen. Par la suite, le Royaume-Uni et d'autres puissances occidentales, y compris les États-Unis et plus tard le Japon, obtiennent des «concessions», c'est-à-dire le contrôle de petits territoires souvent côtiers, ainsi que des privilèges commerciaux.

La combinaison de catastrophes naturelles et d'insurrections politiques aurait provoqué la mort de 200 millions de Chinois entre 1850 et 1865, soit la moitié de la population de l'époque.

À partir des années 1860, les Qing, contrôlés par une impératrice douairière conservatrice, Cixi, qui assume le pouvoir de 1860 à 1908, entament la modernisation du pays.

Mais les armées chinoises sont défaites par la France : guerre franco-chinoise pour le contrôle de l'Indochine : 1883-1885, puis par le Japon : première guerre sino-japonaise pour le contrôle de la Corée, 1894-1895. Des réformes plus profondes s'imposent.

Les historiens chinois n'insistent pas sur les facteurs nationaux de leur perte d'influence et notamment sur les désordres internes, les divisions entre provinces et les révoltes paysannes. Et pourtant, là commencent près de 150 ans d'horreurs qui ne sont pas dues qu'aux menées impérialistes.

Par bien des aspects, la Chine devient alors une colonie et, au début du 20° siècle, elle est la première destination des investissements occidentaux.

La dynastie Qing fait alors face à un dilemme : poursuivre les réformes et mécontenter une aristocratie oisive, ou y mettre un terme et conforter les révolutionnaires qui prédisent la fin du régime. Elle s'en tient à un moyen terme, et s'aliène tout le monde, en soutenant notamment la révolte des Boxers.

Les puissances alliées occidentales, et en particulier les anglais et les français, procèdent en représailles à l'incendie du Yuan Ming Yuan (le Palais d'été).

Le constat de Victor Hugo

Il faut lire la Lettre de Victor Hugo sur ce saccage absolument scandaleux. Il s'agit d'un des rares textes de l'époque s'élevant contre le colonialisme et jetant un regard émerveillé sur la richesse des civilisations conquises.

« Un jour, deux bandits sont entrés dans le Palais d'Eté. L'un a pillé, l'autre a incendié.... Nous Européens, nous sommes les civilisés, et pour nous, les Chinois sont les barbares. Voilà ce que la civilisation a fait à la barbarie. Devant l'histoire, l'un des deux bandits s'appellera la France, l'autre s'appellera l'Angleterre.... L'Empire Français a empoché la moitié de cette victoire et il étale aujourd'hui avec une sorte de naïveté de propriétaire, le splendide bric-à-brac du Palais d'Eté. J'espère qu'un jour viendra où la France, délivrée et nettoyée, renverra ce butin à la Chine spoliée. En attendant, il y a un vol et deux voleurs, je le constate. »

Le bilan de cette dernière dynastie Qing est tout d'abord que la Chine n'est plus dirigée par des Chinois depuis 1644. Deux grands empereurs mandchous Qian Long et Kangxi ont propulsé la Chine à l'apogée de son territoire et de sa puissance économique. Ainsi naissent les premiers conglomérats industriels dans le monde, le premier système bancaire évolué comportant des marchés à termes, des assurances, des maisons de crédits, etc.

En revanche, sur le plan des idées, de la culture et de la philosophie, l'ordre imposé par les mandchous est synonyme de glaciation totale. Les mandchous, assimilés au point de se fondre totalement dans l'immensité chinoise et de disparaître en tant que peuple, se montreront des conservateurs zélotes. Ils furent des néoconfucianistes bornés, des bouddhistes rétrogrades, et se fermeront totalement à l'Occident, à l'instar des japonais de l'époque Meiji.

Les Qing maintiendront le peuple dans un état misérable en proie aux pires cruautés (la pratique des pieds bandés pour les femmes notamment), et réduiront les mandarins, abrutis par les examens impériaux, à une obéissance servile. La dynastie mandchoue va stopper la créativité scientifique et se contenter, dans les arts, d'une copie stérile des motifs anciens.

Il faut noter une relative exception : l'engouement pour la littérature romantique populaire qui profite de l'écriture en langue vulgaire. Ces grands romans dont l'action ne se situe jamais sous les Qing : l'Histoire des Trois Royaumes, Le voyage en Occident, Au Bord de l'Eau et Le Rêve dans le Pavillon Rouge ou le Jin Ping Mei, virent leur première rédaction et édition sous les dynasties Song et Ming (sauf pour le Rêve dans le Pavillon Rouge écrit sous les Qing). Leur propagation parmi les lettrés et dans le peuple, par le biais d'extraits et de pièces d'opéra, est considérée, sous les Qing, comme un acte de résistance à peine voilé à la domination étrangère.

1.7 La République de Chine (1911 - 1949)

Frustrés par les résistances de la cour impériale aux réformes, de jeunes fonctionnaires, officiers et étudiants, inspirés par les idées révolutionnaires de Sun Yat-Sen, commencent à envisager le renversement de la dynastie Qing au profit d'une République.

Une révolte militaire, le soulèvement de Wuchang, le 10 octobre 1911 à Wuhan, entraîne l'abdication du dernier empereur Qing. Un gouvernement provisoire est formé à Nankin le 12 mars 1912, présidé par Sun Yat-Sen. Cette révolution est aujourd'hui controversée par les intellectuels chinois, et vue comme une rupture nécessaire, mais non vraiment chinoise (perte des identités paysannes et traditionnelles, rôle dirigeant de l'Occident), marquée par les maux internes à la Chine.

Il semble manquer un homme fédérateur (un Empereur ? – Sun Yat Sen assez pâlot, et Tchang Kai Tchek autoritaire et très corrompu – Triades de Shanghai). Ceci empêche la Chine de renaître après les Qing, malgré un mouvement intellectuel progressiste et national : le Mouvement du 4 Mai (naissance du Mandarin comme langue commune).

À la mort de Sun Yat-Sen en 1925, un de ses lieutenants, Tchang Kaï-Tchek, prend le contrôle du Guomindang, « Parti National du Peuple ». À partir de 1927, il se retourne contre les communistes, s'attaquant à leurs chefs comme à leurs troupes dans leurs bases du Sud et de l'Est. En 1934, défaits et chassés de leurs bases dans les montagnes, les communistes entreprennent la Longue Marche.

Il faudra attendre la guerre nationaliste contre le Japon et un immense mouvement paysan pour enfin fédérer à nouveau la Chine, engendrer l'arrivée au pouvoir d'un nouvel empereur, Mao Zedong, et la création d'une dynastie appuyée sur un pouvoir national organisé comme le mandarinat : le Parti Communiste chinois. En 1949, le PCC occupe l'essentiel du pays. Tchang Kaï-Tchek se réfugie dans l'île de Taiwan, et proclame Taipei capitale provisoire de la République de Chine.

1.8 La Chine Rouge (1949-1978)

Les maoïstes proclament la République Populaire de Chine à Pékin, le 1er octobre 1949.

La période 1949-1954 est celle de la mise en place d'un État communiste. Les tâches intérieures qui attendent le nouveau pouvoir communiste sont gigantesques. Il faut « déplacer des montagnes » : mettre fin au féodalisme ; définir des lois et règlements sur tous les aspects de la vie sociale (le mariage, l'éducation, le travail …) ; assurer la subsistance d'une population, peu instruite, dévastée par la guerre, les famines et les catastrophes naturelles ; industrialiser le pays ; asseoir un nouveau pouvoir et une administration efficace sur un territoire immense et parfois rebelle comme le Tibet …

Sur le plan extérieur, nous sommes en pleine guerre froide, et « l'allié » soviétique s'avère un partenaire de plus en plus envahissant. La Chine mène alors de front le soutien aux révolutionnaires en Corée et au Vietnam contre l'impérialisme US, la lutte pour l'unité intérieure (Taiwan, le Tibet, la Mongolie, le Qin Jiang …), et une rupture idéologique et profonde avec l'Union Soviétique. Le départ des experts russes en 1956, en grande partie responsables de la mise en place de l'encadrement de l'économie, de l'administration et des ensembles de production industrielle, s'avère une véritable catastrophe pour la Chine.

Puis vient la période dite des « Cent Fleurs » en 1956, où la population est invitée à s'exprimer librement sur ce qui fonctionne et sur les erreurs commises. Le premier plan quinquennal semble une réussite. Fort de cet apparent succès, Mao Zedong décide de lancer son Grand Bond en Avant en 1958.

Le but consiste à rattraper en dix ans un retard sur l'Occident accumulé depuis deux siècles. C'est la grande fuite en avant, et ce qui restait d'espoir de construire une société nouvelle et juste, est à nouveau balayé par une désorganisation totale de la production agricole et industrielle. La Chine connaît des famines terribles, et le supposé « ennemi intérieur » devient le bouc émissaire.

Le régime renforce un système de contrôle, voire de terreur, sur une population effondrée et divisée souvent arbitrairement selon son origine sociale, ses rapports familiaux avec l'ancien régime et sa supposée orientation idéologique. De nombreux romans et essais chinois décrivent cette période de misère noire.

En 1966, débute la Révolution Culturelle. Il s'agit avant tout pour Mao Zedong de reprendre un pouvoir qui lui échappe devant l'échec de sa politique de Grand Bond en Avant. Au départ, la querelle est littéraire et les débats concernent le jugement historique à apporter sur la création de la première dynastie Han. C'est l'ensemble du pouvoir qui sera ébranlé jusqu'au plus haut sommet de l'Etat. La Révolution Culturelle est une immense remise en cause portée par une jeunesse mobilisée à outrance.

Dans l'anarchie ainsi créée, Mao Zedong se pose en Empereur. Du chaos, crée par lui, doit naître un ordre nouveau et pur à même de renverser les deux montagnes qui pèsent sur le peuple chinois (l'une est l'impérialisme et l'autre le féodalisme), et de combler les trois différences (ville – campagne, travail manuel – intellectuel, gouvernants – gouvernés) pour unifier ce qui est divisé.

Pour unifier ce qui est multiple, il faut d'abord détruire : La Terreur chinoise détruit tous les pouvoirs installés au profit d'un seul.

Après la mort de Mao, le 6 avril 1976, Deng Xiaoping arrivé au pouvoir, lance une phase de réformes. Il légitime la quête de biens matériels comme phase transitoire avant le communisme, ouvre la Chine aux investissements étrangers, crée des « zones économiques spéciales », et propose l'idée d'« Un pays, deux systèmes », comme pouvant parfaitement coexister.

Gel idéologique - La terreur - Mao Ze Dong et la Grande Révolution Culturelle

Il est d'usage dans la pensée traditionnelle chinoise de penser les concepts contradictoires comme autant de forces préexistantes et toujours à l'œuvre, alternant sans fin dans un mouvement dialectique porté par les conditions du moment.

Il en est ainsi de l'ouverture face à la fermeture vis-à-vis de l'étranger, de la libéralisation face au contrôle politique et économique, de la démocratie face à l'autoritarisme ou à la terreur. L'époque actuelle, on aimerait même dire la dynastie actuelle, en est une illustration parfaite.

La Révolution Culturelle et ses excès ne s'oppose pas à l'ouverture et aux réformes entreprises depuis les années 80 et ce, dans le cadre d'une permanence du pouvoir, d'un même ordre dynastique. Il n'y a rien là de contradictoire. La politique de réformes et l'ouverture, en se définissant par rapport à la Révolution Culturelle et somme toute contre ses valeurs, en est aussi l'héritière et la continuation la plus achevée. Si les formes changent, le fond révolutionnaire, dynastique, lui, ne change pas.

Les Chinois ont passé une égale période de trente ans entre deux formes de pouvoir en apparence opposées, mais de fait profondément ressemblantes. Il est tout aussi faux de penser que les trente premières années du pouvoir communiste furent un enfer sans espérance pour la population chinoise dans son ensemble, que de croire que les trente années suivantes furent une marche vers le bonheur et la libération des esprits et des cœurs.

Les réalités sont plus complexes, et chacun en Chine est conscient de ces ambigüités. La Révolution Culturelle et les grands personnages comme Mao Ze Dong ou Zhou En Lai ont profondément concouru à geler dans la société et dans l'entreprise chinoise des modes de pensées, des pratiques, des formes d'organisation et des comportements particuliers.

Ceux qui bénéficient aujourd'hui de positions dominantes ont toujours à l'esprit les conséquences catastrophiques de la Révolution Culturelle, qui peuvent se reproduire dans un futur immédiat.

Les bienfaits d'une société simple, égalitaire et sans grande compétition, alimentent une nostalgie du « Paradis Perdu », très forte dans l'inconscient des exclus du développement économique (ils sont tout de même 1 milliard !). Il s'agit donc des deux faces qui maintiennent aujourd'hui une certaine cohésion de la société chinoise et qui, notamment, empêchent de différencier les deux périodes historiques comme deux dynasties séparées.

Que seront les trente prochaines années ? Deng Xiao Ping a prédit que le régime communiste resterait 100 ans en Chine et pas davantage. Le Mandat du Ciel sera-t-il perdu par le pouvoir en place ? De quelle façon ? Comment l'Occident y contribuera-t-il ou en sera-t-il influencé ? Unir ce qui fut séparé (gel idéologique et réformes) fut l'œuvre de Deng Xiao Ping. Laquelle de ces deux forces contradictoires prendra-t-elle le dessus, et pour combien de temps ?

Il semble indéniable aujourd'hui que la voie dite « capitaliste et libérale » l'emporte, mais les victoires ne sont qu'éphémères, car les facteurs agissant en sens inverse sont toujours présents, actifs et influents.

Tous les étrangers présents en Chine ressentent ces contradictions et éprouvent des difficultés à caractériser ce que pensent vraiment leurs interlocuteurs, sauf à quelques rares exceptions près, lorsque ces derniers ont déjà été fortement exposés à l'Occident.

1.9 La Chine et le « Socialisme de Marché » (1979 à nos jours)

À partir de 1979, la Chine s'engage dans la voie d'un communisme modéré, dit Socialisme de Marché. Commence alors une phase de forte croissance. En 1984, les régions chinoises acquièrent davantage d'autonomie et peuvent être libres de leurs investissements.

Zhou En Lai, s'impose comme le grand orfèvre de ces modifications dialectiques et de ces coups de barre réactionnels pour rétablir l'équilibre des contradictions.

En Juin 1989, les étudiants de Pékin occupent la place de Tiananmen en faveur de réformes démocratiques. Ce mouvement et sa répression cruelle marqueront fortement l'Occident qui découvrira ainsi la détermination du pouvoir chinois à imposer sa loi sur son territoire. L'analyse fine de ce mouvement reste à faire, et les Chinois y procéderont un jour. Les divergences à l'intérieur du pouvoir central sur la réponse à y accorder furent profondes, et la décision de réprimer ne fut prise qu'à une seule voix de majorité (celle notamment du très vieillissant Deng Xiaoping) au Bureau Politique du Parti qui ne comporte que 9 membres. La stabilité a été préférée à l'aventure, et le pays de la Chine profonde s'est mobilisé contre sa jeunesse estudiantine, éduquée et urbaine.

Depuis les années 1990 et 2000, l'économie de la Chine connaît une croissance très rapide, supérieure à 8-9 % par an.

« Un se divise en deux ». Toute chose est duale, car des forces contradictoires préexistantes (Yin et Yang) agissent en sous-main pour les séparer. Pour diviser ce qui est un, il faut laisser agir de façon naturelle ces forces sous-jacentes: Reconstruction des classes sociales après leur abolition ; « *Enrichissez-vous* !» ; «*Si un Chinois ne devient pas un jour très riche nous resterons tous très pauvres* » ; « *Peu importe que le chat soit noir ou blanc* »….

Il s'agit d'une reconstruction par phases, à la fois dans le temps : agricole puis industrielle, puis économique, puis … artistique ? philosophique ? scientifique ? politique ? … et dans l'espace : différenciation entre régions Sud – Shanghai, Ouest en gardant toujours le Centre à Pékin, et en visant aujourd'hui le Nord- Est (Corée, Mongolie, Sibérie). Les européens, qui seront toujours en retard, s'aperçoivent de l'importance d'un facteur quand celui-ci est déjà dépassé. Les Chinois eux, cherchent à analyser les prémices en œuvre pour envisager leur développement futur et diagnostiquer la situation.

Aujourd'hui, nous sommes indéniablement dans le même système dynastique, purement chinois, qu'en 1949 (c'est la première fois depuis les Ming 1644). Il n'y a pas de rupture, il n'y a pas eu de perte du Mandat Céleste, pas de besoin donc de rectifier les noms (Le communisme, le Parti, ...).

Les contradictions agissent dans un cadre identique, même si leurs formes apparentes sont très différentes. La présence d'un capitaliste au sein du Parti Communiste ne choque qu'un esprit occidental. Un mot ne dit pas une chose, mais plusieurs. Le terme chinois pour « communiste » est décrit par l'image de frères produisant en commun sous un même toit. N'est-ce pas la Chine d'aujourd'hui ?

Il n'y a donc aucune raison de réévaluer et de juger l'histoire récente, ses erreurs et ses réussites. On laissera cela à la dynastie suivante, quand les termes auront été rectifiés et que les contradictions seront d'un ordre qualitatif très différent.

La restauration - La croissance

Aujourd'hui la société chinoise urbaine et évoluée vit au rythme du développement et de la croissance. Elle renoue avec une situation oubliée depuis les Ming, ou encore les années de grande expansion de la dynastie Qing, entre 1760 -1860. Il s'agit donc d'une restauration, et non pas d'une étape nouvelle de l'histoire chinoise. On assiste à un nouveau cycle de prospérité après 150 ans d'horreurs économiques. Dire que cette prospérité est relative, qu'elle ne concerne qu'une petite partie de la population et que ses bénéfices sont bien mal distribués, est de l'ordre de l'évidence, y compris pour tous les Chinois. Cependant, l'esprit de cette réussite inspire tout le monde, et le dynamisme de la société dans son ensemble n'exclut personne, même dans les régions les plus reculées. Il s'agit d'ailleurs du moteur même de cette réussite. Les succès sont exploités partout. Chacun essaie de les reproduire et d'en tirer les mêmes bénéfices.

Ceci impose donc aux entreprises étrangères de ne pas se limiter aux seuls pôles de croissance connus (Shanghai, Beijing, Canton), mais d'aller là où les conditions sont mûres pour pouvoir reproduire les meilleures expériences engrangées dans les grandes villes plus ouvertes. Il n'y a rien non plus de systématique dans cette approche. En effet, les disparités régionales et mêmes locales sont très importantes, la formation des personnes différente, les traditions également, et rien ne dit que ce qui fut réussi à Shanghai le sera ailleurs. Il y a plus de 150 villes de plus d'un million d'habitants intramuros en Chine, comment ne pas se perdre ? Comment choisir ?

Les données statistiques (sur la croissance, la richesse de la population, les habitudes de consommation, ...) ne sont pas des paramètres suffisants car, d'une part, elles sont toutes plus ou moins fausses ou interprétables et que, de plus, elles font abstraction du principal facteur de choix qui est l'opportunité.

Ce qui reste fondamental est l'introduction auprès de personnes-clefs pouvant vous piloter dans des univers encore plus inconnus et encore moins codifiés que ceux des grands centres urbains, ouverts depuis déjà longtemps à l'Occident. De toute façon, partons du principe que le potentiel existe partout, du fait de la population nombreuse, du puissant désir de rattrapage vis-à-vis des régions développées, et de la popularisation sur tout le territoire des modèles de réussite. Seule la façon de capter ce potentiel et les conditions concrètes pour y arriver sont fortement différenciées...

1.10 La globalisation - La conquête ?

La Chine traverse aujourd'hui indéniablement une autre phase de son développement, caractérisée par sa relation nouvelle avec l'Occident, et plus généralement avec le monde. L'époque de l'ouverture (attirer les étrangers en Chine) est largement dépassée. La Chine intervient dans le monde globalisé, et en devient un acteur de plus en plus essentiel sur tous les plans.

Citons dans le désordre : l'entrée dans l'OMC, le retour de Hong Kong à la mère-patrie, l'organisation des JO en 2008 et celui de l'Exposition universelle de Shanghai en 2010, la création des Centres Confucius à l'étranger, l'envoi des premiers casques bleus chinois sous l'égide de l'ONU, leur présence en Afrique et en Amérique latine, la naissance du concept de BRICS, le rôle du Yuan dans la crise monétaire actuelle, l'influence des décisions chinoises en Europe sur la question de la dette souveraine, sa place de deuxième économie mondiale dépassant celle du Japon, son rôle militaire régional renforcé notamment sur les îles de la mer de Chine, sa voix prépondérante en ce qui concerne l'avenir de la Corée du Nord, etc.

Le monde s'interroge sur ce qui va se passer ensuite, et les Chinois aussi ! Que naitra-t-il de la confrontation entre Chine et Occident ?

Confrontation Chine- Occident

Des penseurs chinois ont avancé que la confrontation entre la Chine et l'Occident, notamment pendant la guerre de l'Opium, ne fut non seulement pas une catastrophe pour la Chine, mais a représenté, de fait, sa première réelle chance de s'améliorer et de se renouveler depuis la période des Qin (3ème siècle avant J.-C....).

Il est assez frappant en effet que depuis les Han, peu de grands penseurs ont su ou pu modifier les principes en vigueur en Chine, notamment en matière d'organisation politique et économique. Ils furent gelés par les trois grandes doctrines (Taoïsme, Confucianisme et Bouddhisme) et les 9 grandes écoles : confucéennes, légistes, taoïstes, cosmologues (écoles du Yin et du Yang), sophistes, mohistes, politiciens, éclectiques et physiocrates. Le féodalisme et l'autoritarisme inouïs des dynasties successives, le fait que chaque dynastie dès son arrivée au pouvoir s'appliquait à détruire les acquis de la précédente comme des apports dénaturés, la pratique de la soumission absolue du peuple, le système mandarinal, puis la codification des examens impériaux, ont concouru sans nul doute à faire de la Chine des années 1850 un dragon endormi, éteint et sans grandes perspectives.

L'arrivée de l'Occident colonialiste fut un révélateur de ces faiblesses, et a puissamment contribué à la naissance d'un processus de modernisation et de renaissance qui ne pourra s'achever que 100 ans plus tard. Le mouvement du 4 mai, dont on vient de fêter le 100ème anniversaire, fut l'étape symbolique de cette prise de conscience par les intellectuels chinois de la nécessité pour la Chine de se modifier profondément et de s'inspirer de la réussite des Occidentaux, pour promouvoir ses propres modes de développement.

L'Occident fut donc plus qu'un modèle extérieur à appliquer ou à copier. Il a aussi représenté un nouveau départ pour la pensée chinoise, et fut à l'origine d'une interrogation simple : Pourquoi notre grand peuple, disposant d'une histoire de 5000 ans, possédant une culture sans pareille, peut-il être aussi retardé, aussi distancé vis-à-vis du progrès, et abriter un peuple dans un état si piteux, subissant de telles souffrances ?

La phase de rattrapage est sur le point de se conclure, pas tant au niveau de l'Occident développé qui garde une certaine suprématie, mais sur un plan global quand on compare la Chine à l'Afrique ou à d'autres états du Tiers-monde. Ce constat suffira-t-il à satisfaire les Chinois ? Voudront-ils rattraper toujours plus ce retard comme une sorte de vengeance sur l'histoire ? Voudront-ils et pourront-ils créer leurs propres modèles, et distancer ceux déjà existants ? Voudront-ils alors les exporter ? Naitra-t-il de tout cela un désir de conquête vis-à-vis du monde qui fut dans l'histoire inexistant ?

Il n'est pas simple de répondre à toutes ces questions, et la Chine s'interroge au moins autant que nous sur son devenir. Il n'y a pas comme toujours de plans proprement établis sur la place que tiendra la Chine dans le monde futur, comme le firent les puissances impérialistes. La situation se contente d'avancer et d'évoluer, et offrira ou pas des opportunités, dans un sens ou dans un autre.

La responsabilité des étrangers dans cette évolution est aussi importante que celle des dirigeants chinois. Eux n'ont pas de plans formels définis à l'avance tandis que nous sommes capables d'en bâtir : il s'agit là d'une grande différence, qui est probablement une avancée de la pensée.

Sachons saisir cette opportunité pour offrir à la Chine un espace d'interconnexions économiques tellement puissant et riche, que son intérêt résidera dans le dialogue, la coopération et le respect vis-à-vis des autres peuples.

Pour les entreprises, cela signifie multiplier les relations avec leurs homologues chinois. Offrir au capitalisme chinois des opportunités de développement international sur la base de sa contribution réelle, sans préjugés ni tabous, et basées sur un partage équitable. Travailler en Chine doit être le premier pas vers une intégration de la Chine dans sa propre entreprise, en ne lui consacrant que la part qu'elle mérite, ni plus ni moins. Intégrer des cadres chinois dans le CA des multinationales, accepter des prises de participations minoritaires en échange de non compétition et de la préservation des ressources en Occident, valent bien mieux que de délocaliser. Ne vaut-il pas mieux faire venir un seul loup dans une bergerie que d'offrir les moutons à une meute de loups ?

CHAPITRE 2

LA NOUVELLE PLACE DE LA CHINE

2.1 Les réactions occidentales à la Chine « Atelier du Monde »

La situation d'Atelier du Monde de la Chine a suscité deux types de réactions :

- Dénoncer les ravages de la désindustrialisation de nos économies : délocalisation et montée du chômage ; dénoncer la mauvaise qualité des produits d'origine chinoise et les risques qu'ils feraient peser sur notre santé et notre environnement ; exiger de ce pays des réformes démocratiques : élections libres, respect des minorités…
- Se réjouir de l'accès possible à une offre de produits bon marché, réduisant l'inflation dans les pays riches, et permettant aussi à la consommation mondiale, de croître et d'accéder aux technologies les plus modernes : Internet, infrastructures, biotechnologies, énergie…

L'arbitrage entre ces deux positions se traduisit pour les gouvernements occidentaux par l'acceptation pragmatique des risques que le développement de l'économie chinoise faisait peser sur la leur, tout en contenant des opinions publiques souvent hostiles : délocalisations, menaces contre l'équilibre écologique de la planète, caractère vu comme inhumain des conditions sociales et politiques du travail…

Ces gouvernements favorisèrent donc les investissements directs étrangers de leurs multinationales en Chine, et essayèrent de ménager le gouvernement chinois des critiques les plus extrêmes des opinions publiques.

2.2 Des évolutions majeures et un regard qui évolue

Plusieurs événements contribuèrent à faire évoluer le regard sur la Chine :

- La réussite exemplaire des JO de 2008, défi logistique, organisationnel et sportif.
- La croissance chinoise qui conserve un rythme insolent avec une inflation contenue, et qui a pu sortir de la crise de 2008-2009 sans accrocs majeurs, malgré la baisse observée des importations chinoises dans le monde. La Chine devenant la 2ème économie mondiale.
- Les 3.000 MM $ de réserves de change qui font de la Chine le premier créditeur du monde. La Chine refusant de céder aux pressions occidentales de revalorisation rapide du Renminbi, qui signifierait pour elle une dégradation de ses créances.
- La croissance des investissements chinois à l'étranger qui dépassent aujourd'hui les investissements directs des pays étrangers en Chine : rachat d'IBM Personnal Computer par Lenovo, de Volvo par Gely, de la moitié du port du Pirée en Grèce par COSCO pour 5 MM$, de mines et de terrains en Afrique ou en Asie, etc.
- L'émergence de prouesses technologiques ou industrielles : station orbitale chinoise ; centrales nucléaires ; aviation commerciale avec COMAC qui rompra le duopole Airbus / Boeing dans les 10 prochaines années ; TGV chinois ; développement de la R&D dans les entreprises ; universités ultramodernes dans les domaines des hautes technologies ; énergie solaire dont la Chine est le premier producteur et utilisateur mondial ; IT ; biotechnologies ; environnement : voitures propres ; recyclage des déchets ; lutte contre la pollution de l'air et de l'eau…
- La naissance de véritables innovations en termes d'organisation économique et commerciale et de distribution : e-marketing et e-vente avec des géants mondiaux,

comme Alibaba et Taobao, développement prodigieux de la communication par Internet (400 millions d'utilisateurs), avec des moteurs de recherche chinois, sites de « chat on-line », de réseaux sociaux, de micro-blogs, d'achats, de paiement en ligne, ... tous contrôlés par le pouvoir central et en chinois uniquement !

- La visibilité au niveau mondial de quelques marques dépassant le caractère de sous-traitants pour s'affirmer à l'international comme des acteurs majeurs : Haier, ZTE, Huawei, Wahaha, Lenovo... ; les grandes entreprises d'Etat comme COSCO, Sinopec, COFCO, Sinohydro, Minmétal... ; des banques comme : ICBC, Merchant Bank, Banque de Chine... ; des sociétés d'investissements comme la CITIC ou Guangda...
- Une implantation de plus en plus forte dans les pays en voie de développement.
- L'amélioration constante des conditions de travail et des salaires.
- Le rôle d'acteur essentiel de la globalisation économique, en délocalisant ses grandes usines polluantes ou trop onéreuses dans le Tiers-monde (textile en Asie du Sud-Est par exemple : Cambodge, Bengladesh, Indonésie, ...), en acquérant des sociétés et des brevets étrangers par le biais de M&A audacieuses. Sur le marché des commodités (énergie, grain, matières premières, matières énergétiques comme le pétrole ou le gaz...) la Chine devient un acheteur expérimenté et très puissant, du fait des volumes en cause, mais aussi par son savoir-faire : diplomatie à l'égard des dirigeants du Tiers-monde, pratique du counter-trade et des échanges non monétisés, accès à des crédits novateurs et très favorables : Banque de Chine, Eximbank, CITIC, ...
- Ouverture de très nombreux Instituts Confucius à l'image des Alliances Françaises crées à la fin du 19ème siècle, qui participèrent activement au rayonnement de la Francophonie dans le monde, et donc à l'influence de la France.
- Foire Exposition de Shanghai 2010, ultime achèvement de la légitimité de Shanghai, Vitrine du Monde, détrônant ainsi Hong Kong.

Le monde réalise donc avec étonnement que la Chine, ce mal nécessaire d'« Atelier du Monde », laisse peu à peu place à un tout autre acteur, dont la puissance et l'attractivité ne font qu'augmenter, et dont les observateurs voient mal où et comment elles pourraient s'arrêter.

Dès lors, comment caractériser la Chine d'aujourd'hui ?

Les dénominations de « Créditeur du Monde », « Laboratoire de développement et d'innovations du Monde » ou « Centre de stabilité financière et politique du Monde », seraient certainement plus pertinentes que l'infamante et paternaliste caractérisation qui prévalait dans le passé.

L'Aveuglement occidental

Alors que la Chine était une grande puissance pendant des siècles nous, les Occidentaux, vivions dans la barbarie du Moyen-Age et ne représentions rien au niveau mondial. La suprématie de l'Occident n'existe que depuis deux siècles, siècles qui correspondent effectivement à un endormissement de la Chine. Mais cet endormissement n'est finalement que très court à l'échelle historique, si on compare ces 200 ans à l'ancienneté de l'histoire de la civilisation chinoise.

Le retour en force de la Chine au plan international n'a donc rien de surprenant.

Il n'est qu'un juste retour à la place que ce pays a toujours occupée dans l'histoire et que nous, occidentaux avions occultée. Plutôt que de nous étonner de ce phénomène, nous ferions mieux de nous interroger sur notre incapacité à raisonner en termes historiques, sur l'arrogance occidentale qui consiste à nier l'histoire pour faire croire que seuls ses systèmes de pensée et de fonctionnement sont valides, et ont réussi à s'imposer à l'ensemble du monde.

Ainsi, la Chine n'est-elle pas en train de "copier" notre monde, méthode par laquelle elle usurperait sa place de nouveau leader géopolitique. N'est-elle pas plutôt en train d'inventer un nouveau modèle qui fait ses preuves, qui remet en cause le nôtre, et lui permet de retrouver ce qui a toujours été sa place dans le monde, à l'exception des 200 dernières années?

Ce nouveau modèle n'en est pas pour autant vertueux et encore moins totalement efficace.

Sortir de l'aveuglement, c'est tout d'abord en prendre conscience et juger sans a priori idéologiques prétendus universels.

La Chine ne respecterait pas nos règles du jeu en matière économique et d'intervention étatique ? Mais quelles sont ces règles et à qui profitent-elles ?

La Chine se sert de la globalisation et sa présence menace nos positions ? Mais n'est-ce-pas précisément la règle de notre jeu ?

La Chine pille plus qu'elle n'innove, ses réalisations encore maigres et ses centres de recherche d'un niveau discutable ? Mais pourquoi l'avance du monde Occidental serait-elle éternelle ?

Dans ses interventions dans le monde économique en dehors de ses frontières, la Chine subit plus de revers que de succès, et ses positions sont fragiles ? N'est-ce pas à l'identique l'expérience que vivent nos multinationales sur le sol chinois ?

2.3 L'évolution des relations franco-chinoises

Il apparait à tout observateur des relations entre la Chine et l'Occident, et en particulier avec la France, que celles-ci sont passées par plusieurs phases différentes, aussi bien au niveau politique qu'à celui fortement corrélé, des opinions publiques.

2.3.1 La menace communiste

Dès la naissance de la Chine Rouge et jusqu'en 1964, la Chine représentait pour l'Occident un des maillons du bloc communiste, fermé à tout contact réel avec l'Occident. Seuls les souvenirs de personnalités comme Malraux évoquaient avec un certain romantisme les épopées de la Longue Marche. C'est aussi l'époque de la guerre de Corée et du Vietnam. Les illusions colonialistes de la France ne sont pas encore abandonnées, et la Chine représente l'ennemi au même titre que l'ensemble du bloc des pays de l'Est.

2.3.2 La fascination et le mystère

A partir du milieu des années 60, l'Occident réalise que les divisions au sein du bloc communiste sont réelles et que la rupture est consommée entre l'Union Soviétique et la Chine. En 1964, la reconnaissance de la Chine par de Gaulle marque un tournant, et on se référera à ses propos de l'époque, particulièrement visionnaires et brillants. La Chine réapparait alors sur la scène internationale comme une exception emprunte de mystères. A. Peyrefitte reprend la formule de Napoléon « *Quand la Chine s'éveillera* », et toutes les interrogations sont permises. La Révolution Culturelle marquera profondément la jeunesse occidentale révoltée par la guerre du Vietnam : les premiers mouvements « maoïstes » ou « marxistes – léninistes » voient le jour en Europe, et influeront les mots d'ordre de Mai 1968. La Chine apparait comme un monde nouveau, très peu connu sur le plan de ses réalités intérieures, mais fascinant et innovant sur le plan politique et sur celui des idées, tout en restant menaçant pour les intérêts politiques de l'Occident. Son marché est alors méconnu, et on estime à moins de 10 millions de personnes les consommateurs chinois pouvant une fois dans leur vie s'offrir un produit d'exportation.

2.3.3 L'amitié et l'intimité

Après 1980 et jusqu'en 2008, le monde découvre peu à peu la Chine avec beaucoup de curiosité et, pour les français, avec une amitié certaine : le voyage de F. Mitterrand en Chine, juste avant son élection au poste de Président en février 1980, et surtout la politique étrangère mise en place par Jacques Chirac et sa réelle passion pour le monde chinois (et japonais), renforcent l'émergence dans l'opinion du « fait chinois » comme un nouveau pôle politique, économique et culturel. Les années croisées franco-chinoises furent, ne l'oublions pas, la plus grande opération culturelle jamais organisée par la France à l'étranger et bien entendu par la Chine dans toute son histoire. Plus de 1500 événements eurent lieu dans les deux pays, et ils mobilisèrent des centaines de milliers de personnes pendant trois années.

On a parlé alors d'intimité franco-chinoise ! Les étudiants chinois affluent à l'étranger, et l'on découvre ce pays qui s'ouvre au tourisme et dont l'économie apparait comme triomphante, affichant des résultats toujours en hausse et représentant des opportunités fabuleuses encore inexploitées.

2.3.4 La menace économique

2008 fut une étape importante, l'Occident réalise avec la crise économique que la mondialisation profite surtout à la Chine, que son économie, par le jeu des délocalisations et le poids que les nouveaux consommateurs chinois font peser sur le prix des matières premières, menace réellement l'Occident. Le Président Sarkozy gérera cette étape, et la crise politique des JO de Beijing s'inscrit dans ce tournant des opinions publiques : trop de succès effraient ! Ce monde multipolaire dont rêvait Jacques Chirac et la globalisation ne sont-ils pas un jeu de dupes où la France viendrait à perdre l'ensemble de ses acquis, politiques, économiques, sociaux et moraux ? De plus, l'Occident s'aperçoit que les résultats des entreprises multinationales qui se sont installées en Chine ne présentent pas les bénéfices escomptés, que les règles du jeu locales sont complexes et faussées, et que l'ouverture de la Chine aux capitaux étrangers s'accompagne de transferts de compétences rendant douteuse la possibilité de conserver dans le futur un quelconque avantage technologique ou industriel. La Chine apparait alors comme le grand coupable des maux de l'Occident.... Car il en faut bien un !

2.3.5 Les questions

Depuis quelques mois, nous entrons dans une autre phase vis-à-vis de la Chine. Les opinions sont plus partagées. On ne comprend plus ce qui se passe vraiment, et les politiques comme les hommes d'affaires s'interrogent. Accepter ou rejeter la Chine apparaît comme une attitude puérile face aux réalités d'un monde marqué par la crise et par des doutes sur ses modèles économiques et financiers.

On voit apparaitre un réel mouvement d'interrogations, une volonté de comprendre ce système économique, politique et social. Les missions se succèdent, non plus simplement pour savoir comment pénétrer le marché chinois mais pour savoir où placer la Chine dans la vision de son entreprise, du monde et de l'avenir en général. Enfin, et peut être pour la première fois, on cherche vraiment à comprendre avant de juger.

Ce mouvement est certes timide, mais il touche en particulier les jeunes occidentaux. Ces derniers affluent en Chine pour y apprendre la langue, trouver des opportunités de travail, établir des entreprises innovantes avec le désir croissant d'y faire au moins une partie de leur vie, voire de leur carrière.

CHAPITRE 3

LE MODELE ECONOMIQUE CHINOIS

3.1 Les quatre piliers du « modèle » chinois

Le « modèle » chinois repose sur les quatre piliers-clés suivants :

- La coexistence de l'Ancien et du Moderne,
- Un pouvoir central fort,
- Un pragmatisme absolu en toute chose,
- Un consensus de l'ensemble du corps social.

3.1.1 La coexistence de l'Ancien et du Moderne

La Chine a donc su évoluer très vite, et, comme dans tous les changements qu'elle a entrepris, le monde nouveau coexiste avec l'ancien. Pour deux raisons : taille et culture.

Ainsi la Chine, selon ses besoins et les circonstances, peut-elle agir sur tous les tableaux à la fois, celui des pays développés et celui des pays du Tiers-monde. Elle peut profiter de toutes les failles et contradictions de la globalisation et en tirer profit. Elle peut même se permettre de mettre à l'œuvre ces mêmes principes sur son propre territoire, dont le développement répond à la même logique que l'économie globalisée internationale : zones pauvres et riches ou encore ouvertes ou fermées ; régions très développées avec une main d'œuvre instruite et d'autres laissées arriérées avec une réserve quasi infinie de bras louables et exploitables à très bon marché, les Mingongs ; spécialisation par régions avec des spécificités fortes et une concurrence très intelligemment orchestrée par clusters (finance, industrie, commerce, innovation).

L'architecture en exemple

L'architecture dans les grandes villes chinoises est le meilleur exemple que l'on peut donner de ce mélange de l'ancien et du nouveau, et de la façon bien particulière dont les Chinois l'aborde. Il ne s'agit pas de construire de façon ordonnée des constructions nouvelles tout en réhabilitant et en conservant précieusement l'ancien... au contraire ! On détruit les vieux quartiers, mais pas jusqu'au bout, on construit du moderne mais sans plan établi et sans choix architecturaux compréhensibles : la ville devient un peu américaine (les condominiums et les malls), un peu européenne (le Grand Théâtre), un peu soviétique (les bâtiments officiels de la Place Tian An Men), un peu asiatique (les places comme à Hong Kong ou Singapour comme le Village de Sanlitun), un peu chinoise traditionnelle (les quelques hutongs - petites ruelles de Beijing - qui demeurent, les imitations maladroites d'un style oublié comme dans le quartier de Qianmen) ... Rien ne semble achevé, et c'est dans cette absence de ligne de force, dans ce refus d'ordonner le mélange entre ancien et nouveau, que réside la réelle particularité de la Chine.

On ne trouve nulle part ailleurs dans le monde un tel refus d'organiser l'espace par genre et par style. L'harmonie réside dans le mélange, et se manifeste précisément par l'absence de choix. Ainsi, une photo prise n'importe où à Beijing permet-elle de reconnaître immédiatement la ville à sa caractéristique unique : Cette photo ne peut avoir été prise nulle part ailleurs car elle comporte un peu des caractéristiques propres à toutes les autres villes.

3.1.2 Un pouvoir central fort

Le tout régi par un pouvoir central fort, qui régule plus qu'il ne dirige, qui sait laisser de l'initiative à chacun, et qui n'intervient que quand il considère que des limites sont dépassées, ou que des intérêts vitaux ou nationaux sont en jeu.

Ce pouvoir central (le Parti Communiste, PCC, a 80 millions de membres) est représenté partout, mais pas de façon uniforme, et laisse la place à de multiples instances locales pour gérer la complexité (y compris une foultitude d'ONG, toutes contrôlées).

Les mécanismes de remontée de l'information sont en place et fonctionnent assez bien.

Le grand arbitre qu'est le pouvoir central est lui-même dirigé de façon collégiale, et toutes les contradictions sont censées s'exprimer en son sein (le Conseil d'Etat) : villes et campagnes, civils et militaires, classes sociales aisées, moyennes, prolétariat, paysannerie, etc.

La force du pouvoir

La Chine est loin d'avoir connu dans toute son histoire un pouvoir central fort, mais même en son absence, le principe du pouvoir fort se recrée à des niveaux plus petits : provinciaux, locaux, claniques, voire familiaux. Le principe est immuable, son envergure dépend des circonstances.

Le pouvoir central est fort s'il sait et s'il se donne les moyens d'exercer son contrôle sur tous les autres. C'est une lutte permanente entre des forces tendant naturellement à étendre leur suprématie sur le maximum de territoires humains ou physiques. Les Chinois sont maîtres dans l'art d'analyser ces rapports de force et d'élaborer des stratégies multiples comportant alliances, tromperies, rébellions, soumissions, ... Ce qui passionne l'opinion dans l'histoire de la Chine ce sont précisément les périodes de grandes divisions pendant laquelle l'art de la stratégie entre puissants a pu se manifester avec le maximum de talent. Il faut lire « Le Roman des Trois Royaumes » qui décrit avec une précision chirurgicale les rapports politiques, militaires et humains qui se nouent entre grandes puissances du moment, les Wei, les Wu et les Chu qui se partagent les restes de l'empire déclinant des Hans en 200 après J.-C.

La Chine d'aujourd'hui est un ensemble qui semble ordonné et gouverné fortement mais qui, pour ce faire, doit tenir d'une main de maître et avec autant de sens stratégique et tactique des forces excentriques qui ne cessent de se construire et de se renforcer. Il en est ainsi des Provinces dont l'essor, la stagnation ou le déclin sont suscités et mesurés à l'aune des rapports de force avec le pouvoir central. Shanghai, Canton, l'Ouest de la Chine, le Nord, le Centre, les grandes municipalités, sont autant de concurrents, de compétiteurs, de lobbies tous représentés dans la capitale

Beijing par de véritables ambassades chargées de défendre leurs intérêts. La Chine, après le nouvel an chinois qui se tient entre la fin janvier et le mois de février, reste quasiment immobile jusqu'à la fin mars, car c'est le mois des grands congrès : du Parti, de l'assemblée Nationale et du Sénat. C'est là que les grandes décisions sont prises et que les nominations sont entérinées. Les dirigeants des entreprises d'Etat comme les grands fonctionnaires nationaux ou locaux sauront alors le sort exact qui leur sera réservé, et pourront ainsi mesurer dans la pratique les succès ou les échecs de leur stratégie et la véritable puissance de leurs réseaux.

3.1.3 Un pragmatisme absolu

Seul un observateur non averti peut être choqué par la présence de milliardaires au sein du PCC, et maintenant de ses instances dirigeantes. Prisonnier des mots et de leur acceptation platonicienne unique, ce dernier a du mal à comprendre que, dans la culture chinoise, un mot ou un concept ne représente pas une réalité unique, mais au contraire masque artificiellement sa vraie nature contradictoire, et qu'il est donc de ce point de vue interprétable en fonction de la situation, évolutif et jamais universel.

La dénomination est symbolique d'un état des contradictions, et reste valide tout au long d'un cycle, mais elle est interprétable au cours de celui-ci. Seule la naissance d'un autre cycle, poussée par la nature irréconciliable des contradictions, peut changer les dénominations (Zheng ming) comme toutes les structures qui vont avec : avènement d'une nouvelle Dynastie.

Les Chinois ont-ils une morale ?

La réponse à cette question est complexe car l'erreur est dans l'énoncé de celle-ci. Pourquoi « une » morale ? Les Chinois parlent de la morale confucéenne, de la morale bouddhiste, de la morale chrétienne (de plus en plus d'ailleurs), de la morale communiste, de la morale traditionnelle, de la morale sociale, etc. Le fait que ces systèmes de pensées puissent apparaitre comme contradictoires, et conduire à des comportements différents face à une situation donnée, n'est pas un facteur suffisant pour permettre à l'un de s'imposer à l'autre comme un système unique. Au contraire, c'est plutôt un argument pour les adopter tous. Ce qui est important, c'est l'efficacité et le résultat, et celui-ci dépend de l'expérience de chacun en fonction de la situation concrète qui se présente à lui. On pourra éventuellement annoncer que l'on penche plus vers un système que vers un autre, et s'afficher comme confucéen, légiste, bouddhiste, chrétien, communiste.... Mais, sauf pour de rares personnes, il s'agira là tout au plus d'une tendance. Ainsi les Chinois aiment-ils particulièrement les systèmes, et ne sont aucunement déroutés d'avoir à les appliquer tous, même quand ils sont à nos yeux totalement antagoniques.

3.1.4 Un consensus de l'ensemble du corps social

Un quasi-consensus existe en Chine : les structures mises en place en 1949, et avec elles le système chinois moderne, ont prouvé leur efficacité, en permettant notamment de résoudre les nombreuses crises que ce dernier a traversées, en sachant se réformer et se modifier en phase avec son temps : On ne change pas une équipe qui gagne, et la stabilité et l'harmonie sont la règle, quand les bouleversements en profondeur ne sont pas nécessaires. C'est précisément ce consensus et cette réussite qui intriguent aujourd'hui les peuples du monde. Existe-t-il un modèle précis ? Comment opère-t-il ? Est-il exportable en tant que tel ? Est-il durable ? ....

Là encore, seuls les Occidentaux et quelques rares chercheurs chinois se posent ce type de questions et dans ces termes. Théoriser une expérience, c'est la figer, lui enlever son caractère dynamique et contradictoire ; c'est faire abstraction des conditions locales et historiques de son avènement et de ses évolutions successives. Hu Jin Tao n'aurait pas pu exister sans Jiang Zemin, et lui-même sans Deng Xiaoping et Mao Zedong ou Zhou Enlai, voire Jiang Jieshi (Chang Kai Tchek) ou Sun Zhongshan (Sun Yat Sen)...

Le prochain successeur de Hu Jing Tao est déjà désigné : il s'agit de M. Xi Jingping, choisi pour ses qualités, son engagement dans les réformes entreprises et son soutien à la ligne suivie par le PCC, mais surtout du fait que son père fut un vétéran communiste de la première heure.

Longue Marche, Révolution Culturelle, Reformes d'ouverture et Système capitaliste ou libéral actuel, découlent l'un de l'autre comme l'embouchure d'un grand fleuve découle du torrent qui fut sa source. On pourrait bien sûr aller encore plus loin et rechercher dans toute l'histoire de la Chine et dans sa civilisation des racines explicatives.

Dissidence et minorités

Il nous faut ici parler de la dissidence chinoise et des minorités nationales en lutte qui justement refusent ce consensus.

Les prisonniers politiques chinois sont nombreux, et les voix qui s'élèvent contre le système en place et le refusent totalement sont loin d'être si minoritaires. Ces « contestataires » sont relayés par une partie de la diaspora chinoise à l'étranger et soutenus à Hong Kong, à Taiwan ou ailleurs par des associations démocratiques de chinois en exil. Le mouvement Tibétain Libre du Dai Lai Lama, ou encore les mouvances musulmanes agissantes au Xin Jiang, font partout entendre leurs voix et influencent fortement l'opinion publique internationale. La secte Fa Lun Gong, ou ce qu'il en reste à l'étranger, est également particulièrement active pour décrire un régime oppressif qui refuse la liberté de culte à des groupes qui se décrivent comme d'inoffensifs adeptes pacifiques d'une variante de la foi bouddhique.

Il s'agit là d'une réalité qui porte atteinte à la crédibilité de la Chine sur la scène internationale, et le gouvernement de ce pays n'en a pas encore complètement conscience.

Des questions se posent à tous : Si le consensus existe au sein de la population chinoise, comme nous l'écrivons et comme nous le pensons, pourquoi alors tant d'acharnement, de mauvaise foi, de censure maladive et maladroite pour essayer de combattre ces quelques voix discordantes ? Pourquoi ces mots censurés sur la toile et les moteurs de recherche ? Pourquoi ces émissions d'information des quelques chaînes de télévisions étrangères autorisées à émettre en Chine sont-elles coupées brutalement dès que sont mentionnés des reportages non laudatifs sur le gouvernement chinois ?

Avons-nous, quant à nous, le droit de juger cette dissidence, de lui attribuer des brevets de courage ou des dénis de représentativité, d'en faire des martyrs ou de les considérer comme des illuminés fanatiques ?

Ce sont là les questions qu'il nous semble utiles de poser à la fois au gouvernement chinois, mais aussi aux média occidentaux qui donnent de la Chine une image souvent caricaturale.

Est-ce s'ingérer dans les affaires intérieures chinoises que de questionner le bien-fondé des mesures prises par celui-ci pour réprimer une partie de sa dissidence ? Est-ce approuver celle-ci que de déplorer l'emploi de mesures inhumaines prises pour la contenir (les camps de travail, la torture, les internements abusifs, les pressions de toute nature, ...) ?

Les Chinois ont du mal à comprendre notre attitude, qu'ils interprètent rapidement comme des relents du colonialisme, et des références à des valeurs étrangères aux leurs, et voulant s'imposer au reste du monde par la force. L'existence de Droits Universels s'appliquant à tous et en toutes circonstances est totalement étrangère à la culture de la Chine et à sa pratique. La notion de Droit d'Ingérence leur parait comme incongrue, et ne servirait qu'à cacher des visées impérialistes et de domination.

Forts de cette analyse, les Chinois refusent le parti pris moral des critiques de l'étranger et encore plus leurs manifestations concrètes sur leur sol. Ils questionnent également, avec pertinence, les hypocrisies de l'Occident, les manquements à sa propre « morale » quand cela défend ses intérêts et ses pratiques de domination réelle, maquillées par de pseudos justificatifs de défense des valeurs morales ou religieuses (N'oublions pas que toute notre période coloniale fut emprunte de cela, et que les Chinois n'ont jamais dans leur histoire commis de tels actes vis-à-vis des peuples étrangers).

Quant aux Occidentaux, est-ce trop leur demander que d'essayer de comprendre une réalité contradictoire, de respecter à la fois le droit des agences d'information à relater ce qui existe mais aussi le devoir de ne pas déformer, caricaturer, et grossir des phénomènes ou le moindre fait divers présenté comme une abomination émanant d'un gouvernement abject ?

Rien n'est gratuit : par le poids que l'on donne à telle ou telle information, et à sa façon de la relater, se cache un propos bien réel.

La question fondamentale à poser est : Que cherche-ton à montrer ? Quel rôle doit jouer la Chine dans la mondialisation ? Est-ce un ennemi potentiel et faut-il alors préparer l'opinion publique à la guerre et donc dénigrer l'adversaire de toutes les façons possibles ? Ou a-t-on en face de nous un partenaire qu'il faut apprendre à connaître, et qui a aussi encore beaucoup de choses à apprendre à notre contact ?

3.2 Les références théoriques

3.2.1 Le modèle américain

Les Chinois peuvent-ils nous fournir un modèle enseignable comme les américains surent le faire ? Le corpus économique basé sur l'expérience du développement américain du 20ème siècle, et fortement théorisé, a pris le statut d'une science exacte. Il est enseigné dans toutes les écoles de commerce. Il fut, bien sûr, lui aussi traversé par des crises nombreuses et graves (1929), mais sut repartir de plus belle, en faisant évoluer le modèle. Les modèles économiques concurrents et opposés (notamment le soviétique), furent balayés par la guerre froide, et l'efficacité des théories du capitalisme libéral ne semblait plus pouvoir être remise en cause… sauf par quelques « terroristes » fanatisés qu'il fallait « exterminer ».

Or, le système capitaliste est confronté aujourd'hui à un double défi :

Le premier est interne au système : il est aujourd'hui passé d'un capitalisme des origines, basé sur l'initiative d'entrepreneurs et de capitalistes parfois géniaux et attentifs à la productivité des hommes et aux performances des produits offerts, à un système dont les mécanismes financiers représentent le principal moteur : l'économie dite virtuelle représente 6 fois l'économie réelle. Tout le système financier en place est aujourd'hui contesté et menacé par la crise de 2008 – 2009, amplifiée et relayée par celle, encore plus grave, de la dette des pays industrialisés, et dont personne ne voit clairement l'issue.

Le second défi est externe : la Chine dont le développement économique devait être par principe voué à l'échec, puisque basé sur une économie en apparence communiste et un système politique répressif et non démocratique, insulte par son succès les théories mises en place, alors que le début de son rayonnement international fait pâlir l'étoile américaine, apparaissant comme déclinante.

La Chine applique et étudie de plus en plus le modèle économique standard américain, et le succès des Business School occidentales en Chine en témoigne. Mais ce corpus théorique est appelé en Chine : Théorie économique du monde occidental.

Quand nous demandons aux Chinois où se trouverait la théorie économique homologue pour le monde oriental, ou tout au moins pour leur pays, on n'obtient bien sûr aucune réponse.

De fait, toutes ces théories, économiques, financières ou de management, furent introduites en Chine par le pouvoir central au début des années 2000, dans le but principal de comprendre notre monde et donc, à terme, de pouvoir l'affronter un jour au sens économique, ou tout au moins en profiter. Elles pénètrent cependant aussi l'organisation économique des institutions chinoises et les directions des grandes entreprises, mais jusqu'à quel point ?

La pénétration des systèmes de pensée étrangers a toujours existé en Chine, en contradiction avec beaucoup de croyances en Occident. Ce pays ne fut jamais le monde fermé que l'on a pu décrire. Ainsi, la religion dominante, le Bouddhisme, est-elle étrangère à la Chine ; Les Jésuites influencèrent-ils fortement la Dynastie des Qing ; Le marxisme inspira-t-il en profondeur la révolution chinoise et toutes les grandes réformes entreprises au 20ème siècle…

Qu'en sera-t-il des théories économiques et de gestion enseignées dans les écoles de commerce, du capitalisme et du libéralisme, de « l'American way of life » qui semble s'imposer un peu partout sur le territoire chinois (ou tout au moins dans les grandes villes comme Shanghai) ?

3.2.2 *Le « modèle » chinois*

Il nous faut, car c'est la demande des Occidentaux, essayer de théoriser à la place des Chinois qui s'y refusent, une pratique économique et une gestion chinoise de l'Etat ou des entreprises qui échappent profondément à nos valeurs, tout en empruntant nos mots et nos concepts pour les décrire, car ce sont les seuls à notre disposition !

Théorisation de la pratique

Il est à noter que les Chinois n'ont pas toujours refusé de théoriser leurs pratiques, et il faut ainsi citer Confucius ou Laozi, Zhengzi, Mencius, Han Feizi, Xun zi, ... Entre le 6ème et le 3ème siècle avant J.-C., tous ces penseurs ont formulé des lois, des règles, des rites tendant à définir très exactement les modèles qu'ils souhaitaient réfuter ou voir mis en pratique par la population. Depuis cette période, rien de comparable ne s'est plus jamais produit en Chine (à l'exception peut-être du Bouddhisme). Avait-on atteint ainsi un tel summum de la pensée qu'il ne restait plus rien à rajouter ? Ce système de valeurs était-il tellement pesant qu'aucun autre n'a pu s'y substituer ? L'ambition de la première dynastie chinoise des Han fut-elle à ce point efficace qu'elle réussit à figer pour toujours les caractères chinois, et par conséquence, l'écriture et l'expression (pratiquement aucun caractère ne fut plus jamais crée depuis,) et donc la pensée par la même occasion (Puisqu'on ne peut penser sans langage) ?

Une autre explication peut aussi être tentée : depuis 1644, la Dynastie des Qing fut fondée et dirigée par les mandchous, peuple nomade n'ayant rien à voir avec la civilisation chinoise. Pour s'imposer aux Chinois, les mandchous se servirent de la culture traditionnelle chinoise (néo-confusionnisme, zélotisme Bouddhiste, ...) comme d'un pilier et d'un carcan, un « opium du peuple », pour enlever à cette population toute créativité, synonyme de nationalisme anti mandchou, et donc de résistance. Il faudra attendre en fait 1949 pour que le premier gouvernement chinois stable et puissant soit à même de diriger la Chine dans son unité et ce, depuis 300 ans. Or, cette période fut précisément celle pendant laquelle les Occidentaux purent mettre en pratique et créer des systèmes novateurs et profondément efficaces : l'économie de marché, la démocratie, le colonialisme, la production capitaliste,

Selon cette dernière explication, ce ne serait donc qu'une question de temps, et peut-être viendra-t-il un jour où un Chinois pourra décrire et théoriser le modèle qui est le sien, faire la part de l'acquis (par les emprunts aux systèmes de pensée étrangers) et de l'inné (des caractéristiques propres aux Chinois, ou tout au moins empruntées à un corpus culturel prestigieux et ancien). Alors verra-t-on peut être émerger un véritable modèle, tel que nous l'entendons, c'est-à-dire transmissible, enseignable et applicable.

Pour tenter de définir un modèle chinois, il ne nous reste donc comme seule méthode, que d'essayer, sur la base très fragile de notre expérience, de décrire quelques traits caractéristiques de ce que peuvent être l'économie et le management dans ce pays. Il s'agit de voir ce qui, dans ces expériences, peut valoir de leçon pour nos entreprises, et peut prétendre à l'universel, notion, redisons-le, très peu chinoise.

Un modèle en évolution – La vision chinoise de la globalisation

Le modèle économique chinois est en perpétuelle évolution, sait s'adapter aux circonstances, n'est prisonnier d'aucun dogme, et ne se plie à aucune discipline qui aurait été établie de façon tacite.

Ainsi, nous assistons aujourd'hui, depuis la crise financière, à un recentrage de l'économie chinoise vers la « satisfaction du marché intérieur » qui passe par une politique volontariste de renforcement des « champions nationaux ». Le but est de diminuer la dépendance aux exportations et de contrecarrer, si possible la domination des marques étrangères dans la consommation interne chinoise mais aussi globalisée.

Il n'est pas du tout évident que ce mouvement soit dans l'intérêt bien compris des consommateurs chinois ou étrangers, dans la mesure où les produits offerts par l'industrie chinoise sont souvent moins performants, de qualité discutable et tout aussi chers à produire que ceux exportés.

La Chine manque en effet encore souvent des processus efficaces et des hautes technologies développés exclusivement en Occident. Il en est ainsi pour le TGV chinois, pour l'aéronautique, mais aussi pour l'industrie agro-alimentaire, pharmaceutique ou pour les biens de consommation courants.

La Chine ne peut cependant se satisfaire des limites où les USA souhaiteraient la cantonner : une globalisation de l'économie où seuls les meilleurs peuvent prétendre exister, et où les pays ne peuvent se permettre de développer dans tous les secteurs des activités performantes, laissant ainsi la place aux autres par l'importation de biens. Ce partage du travail à l'échelle internationale est la base idéale et quelque peu utopique, sur laquelle l'économie américaine voudrait voir se développer des échanges égaux et globalisés entre les pays.

La Chine remet violemment en cause cette stratégie en ne respectant pas ces règles du jeu implicites. Les conflits s'accumulent et le ton monte. Les USA et la Chine restent les principaux protagonistes de ces disputes, l'Europe et les pays du Tiers-Monde, faisant chorus, chacun dans son camp.

CHAPITRE 4

ANALYSE MICRO-ECONOMIQUE DE L'ENTREPRISE CHINOISE

Une analyse micro–économique du « modèle chinois » est nécessaire.

Nous l'aborderons de façon paradoxale en partant du connu, c'est-à-dire du modèle économique et de management occidental, qui lui est parfaitement codifié (principalement en anglais d'ailleurs), vers l'inconnu, c'est-à-dire vers la pratique chinoise, décrite elle par des observations et des intuitions.

4.1 L'analyse de la valeur

Nous avons tous en tête les formules enseignées dans les écoles de commerce occidentales, qui sont vues comme la base rationnelle des grandes décisions à prendre dans la gestion d'une entreprise. Ces formules sont supposées évaluer objectivement la santé d'une entreprise, la productivité de celle-ci, la faisabilité en interne d'un projet d'investissement ou de désinvestissement, ou la définition de la valeur même de cette entreprise. Il s'agit des EBITDA, NOPAT, ROCE, WACC, EVA, NPV, PER, ….

Dans notre modèle capitaliste moderne, la question essentielle est : comment créer de la valeur par le management stratégique financier ? Cet objectif tendant à remplacer, ou pour le moins à modifier profondément, les valeurs constitutives du capitalisme lui-même, qui n'envisageait (critique marxiste de celui-ci) la création de valeur que par la plus-value faite sur les forces du travail et sur la transformation de la matière.

Il est notable que dans les principaux ratios d'évaluation de la productivité, une notion fondamentale intervienne toujours en dénominateur de ceux-ci : c'est la notion de Capital Employé (francisation de l'anglais), qui recouvre de fait le coût du travail et des ressources nécessaires pour produire un bien ou une activité (Fixed Assets + Net Working Capital).

Plus celui-ci est bas, plus le ratio est élevé. Donc, moins on utilise de capital, de force de travail ou de matières premières pour produire un bien donné, plus la rentabilité de l'opération est importante.

Il s'agit d'une logique qui semble implacable, visant à :

- n'investir que le capital strictement nécessaire dans une opération donnée (ce qui permet entre autres de garder une part de celui-ci pour d'autres investissements plus rentables et d'éviter les pertes d'opportunités) ;
- réaliser des économies permanentes en matière de gestion des process industriels (y compris la matière première), commerciaux et administratifs ;
- et enfin, n'embaucher que le personnel strictement nécessaire, et donc éventuellement licencier afin de gagner de la valeur.

Voici en termes très simplifiés ce qui est la base du management sain d'une entreprise, vu par les Occidentaux, et en quelque sorte la rationalité qui sous-tend notre propre modèle. Pour beaucoup d'Occidentaux, ces théories sont universelles. Elles doivent donc s'appliquer aux entreprises d'un pays et, si celles-ci ne les appliquent pas, elles courront à leur perte, seront mal gérées et donc à terme disparaîtront, confrontées à la concurrence internationale ! Sûrs de notre modèle universel, les Chinois devraient apprendre de nous. Et nous n'aurions quant à nous, à l'inverse, rien à retirer de leurs pratiques, qui ne seraient que le reflet d'archaïsmes féodaux ou précapitalistes, et d'un manque de maturité dans le système économique.

Or, comme le montre la vie quotidienne dans ce pays, les entreprises chinoises fonctionnent, produisent des richesses et gagnent des parts de marché à l'exportation. Pourtant, de premier abord, elles sont surcapitalisées et très peu transparentes dans leur structure capitalistique ou d'actionnariat. Elles sont gérées indépendamment de toute logique apparente, et sans indicateurs, par un chef omnipotent dont la formation est souvent inexistante. De plus, elles emploient un personnel pléthorique dont on se demande bien parfois ce qu'il fait réellement (pour souvent apprendre que la réponse est simplement : rien !).

Tentons d'approfondir sur trois points clés ce paradoxe, en essayant de comprendre plus que d'expliquer :

Pour les Chinois, une entreprise est tout d'abord une famille au sens confucéen du terme, avec ses règles propres et son mode particulier de relations, notamment :

- la subordination à la puissance publique et à ses représentants (Société, Communauté, Etat, Parti Communiste, Empereur, peu importe les termes qui sont, suivant les périodes de l'histoire de la Chine, interchangeables).
- une organisation interne basée sur le strict respect d'une hiérarchie préétablie et de rites constitutifs.

Le Capital Employé est vu ici comme un emprunt fait à la Société, et sur lequel on doit rendre des comptes. Cela vaut mieux, car celle-ci se rappelle à nous si on l'oublie.

La valeur créée ou produite est également une contribution à cette même Communauté, qui en est seule propriétaire. Si des profits sont réalisés, ils le sont sur cet « emprunt » à la Société, et c'est donc le succès. Si le ou les dirigeants de l'entreprise en profitent (enrichissement personnel), cela est considéré comme une rétribution juste et normale que la Communauté octroie à toute personne qui réussit dans l'exercice d'une mission confiée par le pays tout entier (le patron est un héros national). Si au contraire c'est l'échec, il incombe à la Société de décider des peines à infliger aux dirigeants défaillants. C'est encore à elle de trouver les moyens de résoudre les problèmes qui sont alors posés, et d'en assumer les conséquences (le patron est un fonctionnaire de l'Etat).

Ces dirigeants qui ont échoué ont alors perdu plus que tout en Chine : ils ont « *perdu la face* » (mianzi), c'est-à-dire leur honneur. Ils garderont en eux la honte d'avoir échoué devant leurs mandants. Pour le dirigeant, l'échec est si grave qu'il essayera surtout de le maquiller : créer un écran de fumée pour rendre tout administration incapable de savoir ce qui s'est réellement passé, et éviter ainsi une faillite, ou utiliser des moyens de coercition pour faire taire d'éventuels détracteurs, ou encore renvoyer la faute sur un autre, … . Il pourra aussi faire agir son réseau de relations qui l'aidera souvent à s'en sortir : mutation, restructurations audacieuses et peu orthodoxes pour écumer les pertes, création d'un autre projet et cavalerie en jouant sur la chance, ou encore organisation de sa propre fuite, ultime et meilleure stratégie, selon le génial stratège Sunzi.

4.2 La notion d'Etat

Tentons ici une petite parenthèse explicative sur la notion d'Etat :

L'Etat, c'est-à-dire, l'Empereur ou le PCC, exerce son rôle particulier qui est celui de diriger au sens chinois, c'est-à-dire essentiellement de fournir à tous les moyens d'entreprendre, de valider les projets (laisser faire ou pas, car il est censé tout savoir et tout connaître), puis de dispenser peines et récompenses.

Il reçoit pour cela un mandat (Céleste : Tianming ou du peuple : Renmin), et sera lui-même jugé sur l'exercice de celui-ci par le Ciel ou par le Peuple, c'est-à-dire par celui qui le lui a confié.

La réussite se mesure à la stabilité, à l'unité et à l'harmonie, à la capacité à faire échec aux troubles (ce peuvent être des tremblements de terre et des phénomènes plus ou moins mystiques tout autant que des révoltes, elles bien réelles et bien humaines). Si la réussite n'est pas attestée, il y a alors nécessité d'opérer une révolution, et de changer l'ordre en place, de tout redéfinir et, on l'a déjà vu, jusqu'au sens des mots eux-mêmes.

Sur l'attribution des peines et des récompenses, il faut lire Han Feizi (le Tao du Prince, dans une traduction française) qui, 4 siècles avant Jésus Christ, et de façon absolument clinique, définit comment elles doivent s'appliquer, c'est-à-dire de façon imprévisible et aléatoire. Cela doit rester le fait du Prince, censé tout savoir, par la mise en place d'un véritable réseau permanent, réel ou supposé, qui a la charge de tout lui faire remonter (on reconnaît ainsi le PCC et ses 80 millions de membres). La décision doit rester arbitraire, sur le moment de son application comme sur le degré de celle-ci. Cela est censé lui conférer un caractère mystique et éviter à la fois les dissimulations et les flatteries. On est loin de l'Etat de droit (Nul n'est censé ignorer la loi).

Ce système permet de créer dans le pays une tension permanente, impose un sens du Fatum, tout en stimulant l'initiative individuelle. Il rappelle aux citoyens le caractère profondément temporaire de tout achèvement, et la docilité qu'il doit au pouvoir.

4.3 Le management

Concrètement, comment l'entreprise chinoise fonctionne-t-elle ? Il n'est pas facile de répondre à cette question tant la diversité des situations rend toute généralisation périlleuse.

4.3.1 La cohabitation de l'ancien et du nouveau

L'ancien c'est :

- Le commandement du chef sous la tutelle du représentant du Parti (souvent plus haut placé que le dirigeant lui-même), qui s'impose à tous et sans contrôle ;
- La non implication des employés dans les décisions ; les syndicats maisons et souvent corrompus ; la déresponsabilisation des acteurs ; les rémunérations et les sanctions arbitraires et non basées sur des résultats ; ….
- Le recrutement exclusif dans le réseau et en premier lieu dans la famille et dans le clan, la fidélité préférée à la compétence ; l'absence totale de formation autre que sur le terrain et aucun intervenant extérieur ; des conditions de travail scandaleuses sur la sécurité notamment : la vie d'un petit employé ne vaut rien !
- Une gestion des ressources et du management totalement bureaucratique et fantaisiste : pas de réel contrats de travail, foultitude de papiers à tampon rouge, factures, contrats, devis, recommandations, directives, … quasi illisibles et encombrant les bureaux ;
- Aucune préoccupation concernant l'image de l'entreprise et sa respectabilité et absence totale de transparence ; …

Le nouveau c'est :

- La communication interne, des processus de décisions basés sur le centralisme démocratique (poussant parfois à la réunionite aigüe) ;
- La participation des employés aux résultats de l'entreprise ; un rôle accru des syndicats comme partenaires dans la gestion ; l'intéressement aux résultats par le biais des primes de fin d'année, des avantages et crédits accordés, notamment immobiliers ;

- La gestion des collaborateurs : les processus modernes de sélection ; la formation des employés par catégories différenciées (professionnels, cadres ou hauts potentiels) ; la préoccupation sur la sécurité du travail et le bien-être des employés ; ...
- L'externalisation croissante de la gestion des ressources ; la digitalisation des process de management ; ...
- La communication institutionnelle, le besoin de se montrer auprès du public comme responsables et soucieux du bien-être collectif, ...

De très nombreuses sociétés et cabinets chinois ou internationaux proposent aujourd'hui à l'entreprise des moyens modernes de gestion : communication interne et externe, gestion des RH, formation à tout niveau, processus administratifs digitalisés (ERP, ...). Le secteur des services à l'entreprise est celui qui croit le plus rapidement en Chine.

Cette coexistence de pratiques, et ces changements à l'œuvre dans l'entreprise, pourraient être interprétés à tort comme le passage d'un modèle proprement chinois et ancien à un autre modèle occidental et moderne. Ce serait faire abstraction de la réalité vécue dans les entreprises, caractérisée précisément par la cohabitation plus ou moins harmonieuse de ces pratiques, et par la volonté de ne jamais trancher entre une forme et une autre.

Il n'y a pas en Chine de développement linéaire de A vers B, mais une coexistence permanente de A de B. Gérer, manager... c'est conserver l'harmonie de ces modèles contradictoires.

4.3.2 Secteur privé. Secteur public

On ne peut pas non plus parler avec raison d'une différenciation nette entre un secteur d'Etat, caractérisé par l'ancien ordre, et un secteur privé, qui serait lui, synonyme de modernité. Il s'agit là d'une caractéristique essentielle du nouveau capitalisme chinois, consistant à avoir réussi une transformation en profondeur de son système étatique (n'oublions pas qu'il n'y avait que lui avant les années 80), pour le rendre tout aussi contradictoire que le secteur naissant du Privé.

On peut cependant concéder que l'innovation est souvent le fait du secteur privé (et de certaines provinces comme autour de

Shanghai – Jiangxi ou Zhejiang - ou à Shenzhen, Tianjin, ...), qui sert ainsi de laboratoire à idées, reprises ensuite par l'ensemble des entreprises, notamment étatiques.

Opposer de façon frontale ces deux secteurs et chercher à les différencier nettement, serait commettre l'erreur typique de notre pensée occidentale : être obsédés par la recherche de catégories réparties en sujet distincts (les mots), et peu préoccupés de leur unité et complémentarité (les relations).

Il est même très difficile de déterminer clairement en Chine ce qui appartient au secteur public et ce qui en est distinct, tant les interpénétrations capitalistiques entre les deux sont complexes et peu transparentes.

Nous avons parlé de cohabitation et pas de fusion, qui supposerait que les aspects contradictoires soient analysés en tant que tels, et intégrés dans une seule pratique servant de référence : « le modèle de management chinois ». Nous n'en sommes pas là en Chine, et l'idée en elle-même peut paraître, là encore, incongrue à un non occidental. C'est la situation concrète qui, elle seule, dicte la conduite à tenir et, selon les cas, on aura recours à des décisions totalement différentes. Ceci rend la vie professionnelle des expatriés travaillant dans ou pour des sociétés chinoises, particulièrement difficile. Dans les grandes entreprises d'Etat, il est périlleux pour eux d'assumer une fonction hiérarchique. En général, c'est la position de conseiller du Président qui est la plus commode. Seul ce dernier a le savoir-faire pour imposer des décisions à l'ensemble de l'entreprise, et exercer un véritable leadership.

4.3.3 Utilisation des ressources par l'entreprise

L'entreprise chinoise ne possède donc pas vraiment les ressources qu'elle doit utiliser (Capital Employed). Elle les emprunte à la Communauté.

C'est strictement vrai pour la terre, qui n'appartient en Chine qu'à l'Etat, et où seuls des baux emphytéotiques sont permis (location pour un certain nombre d'années).

Ceci est également vrai pour les ressources naturelles : l'opinion publique chinoise est, beaucoup plus que dans d'autres pays, sensible aux campagnes contre le gaspillage et aux efforts en matière d'économies, notamment pour l'énergie. Le Chinois est économe dit-on, récupère et recycle tout ce qui est possible. Les longues et douloureuses années de privations auxquelles la Chine fut habituée depuis au moins 200 ans ont aussi laissé leurs traces.

Le concept écologique, tout à fait nouveau chez nous, d'appartenance à une seule et même Terre à laquelle nous empruntons des ressources, a toujours existé en Chine. Mais la conception à la pratique il y a un grand pas, et l'état écologique de la Chine est souvent catastrophique. Il suffit de regarder le paysage pour s'en convaincre et respirer l'air des grandes villes.

Il n'en demeure pas moins que la Chine est aussi le pays aujourd'hui qui investit le plus dans le monde sur le développement durable, car il ne s'agit pas pour elle de maintenir de façon durable un état de développement économique, mais tout simplement de permettre à un maximum de gens d'y accéder. Seuls, 5 % des Chinois possèdent une voiture, et on ne peut déjà plus circuler dans les grandes villes... Que faire ?

Ceci est aussi vrai pour le Capital et le crédit. Il faudrait probablement analyser ce point de façon plus approfondie. L'Etat prête très largement et facilement aux entreprises et aux particuliers. Il finance tous les projets, après validation de ceux-ci par les nombreuses autorités administratives et commissions, censées représenter la puissance publique.

Ce mécanisme, propre à la Chine, de validation par les autorités (Pizhun) est de fait complexe, bureaucratique et pointilleux. C'est aussi celui qui se prête le plus à la corruption, ou tout au moins à l'échange intéressé de cadeaux et de services. Tout le monde sait que sans relations (politiques ou administratives), c'est-à-dire sans Guanxi, on ne peut rien entreprendre de sérieux en Chine.

L'idée est que pour tout projet, c'est la Communauté qui doit octroyer à un entrepreneur un Mandat (lui aussi céleste ?). Quelle est dans ce cas la communauté en cause ?

Il faut citer en dehors de l'Etat, de ses banques et des très nombreuses sociétés d'investissements, le recours possible, et toujours sur le même principe, à l'emprunt à des niveaux plus locaux : la Province, la Municipalité, le Quartier, le Clan et enfin la Famille (élargie aux oncles, cousins, etc.). Les Chinois épargnent plus de 45% de leurs revenus (probablement le taux le plus haut dans le monde). Cet argent est recyclé par les banques ou par un crédit familial ou clanique auquel le chef d'entreprise emprunte, et qui donne un Mandat à un de ses membres pour réussir.

Il faut également garder en mémoire qu'au début des années 80, après les années de la Grande Révolution Prolétarienne, le capital privé accumulé disponible était pratiquement réduit à zéro. Toutes les fortunes actuelles et toutes les entreprises privées se sont donc créées soit sur le démantèlement (ventes par compartiments, spin off, concessions, ...) des grandes sociétés d'Etat de l'époque, soit par l'initiative individuelle et l'esprit d'entreprise.

Il s'agit donc d'un capitalisme très jeune qui ne repose pratiquement pas sur l'héritage ou sur une aristocratie industrielle établie.

Une gestion du crédit audacieuse et la rénovation du secteur public en Chine furent ainsi les seuls moteurs de la renaissance du secteur privé. Des observateurs étrangers prédisent, depuis maintenant plus de 15 ans, que la Chine tombera victime de ses crédits bancaires, des dettes dites triangulaires, etc. Il n'en est rien, et de fait, le secteur bancaire chinois se porte plutôt très bien, et la catastrophe annoncée chez eux arrive en fait chez nous !

Toujours sur cette question du Capital, la sous-capitalisation à laquelle poussent les théories économiques occidentales (minimiser le Capital employé) n'est pas non plus de mise en Chine. Comme l'Etat, les entreprises conservent des réserves importantes, et seraient plutôt, suivant nos analyses, surcapitalisées, ce qui leur permet de profiter à tout moment d'opportunités d'affaires, même extérieures à leur domaine propre d'activités (en particulier à la spéculation immobilière, élevée au rang de sport national).

La gestion des Joint-Ventures sino-étrangères.

De nombreux exemples, comme celui de Danone, illustrent les difficultés rencontrées et les pièges tendus. La possession par la société étrangère d'une majorité dans le capital, aujourd'hui possible et souhaitable, ne garantit en rien le succès. Il faut poser d'emblée le fait que le partenaire chinois cherchera à acquérir son indépendance, dès que les conditions ne seront plus réunies pour maintenir ses intérêts dans la coopération avec la société étrangère.

Si le partenaire est une entreprise d'Etat, celle-ci s'imposera le devoir de réaliser par ses propres moyens cette indépendance. S'il s'agit d'une entreprise privée, la convergence d'intérêts peut être plus durable, mais la société étrangère se doit d'être particulièrement attentive aux attentes de son partenaire et à ses évolutions. Les sollicitations personnelles ou extérieures auxquelles il sera soumis se renforceront dans le temps. Est-ce à dire que toute Joint-Venture en Chine est nécessairement temporaire et soumise à l'échec ?

La réponse est négative et de nombreux exemples le prouvent. Ce qui reste évident est que les structures créées se transforment, et parfois très vite. Seul le mouvement permet la pérennité, jamais l'immobilisme ou le simple lien contractuel.

La société étrangère doit toujours être prête à aller plus loin, à élargir son champ de coopération à d'autres produits, à concéder d'autres marchés, à introduire de nouvelles formes de collaboration, comme par exemple créer en Chine des laboratoires de R&D. Ainsi, arrivé au départ pour y réaliser du sourcing, on se retrouve au bout de quelques années à la tête d'une société qui dépasse la maison-mère en personnel, et parfois en savoir-faire !

Venir en Chine est un choix qui dépasse largement les frontières de ce pays. C'est un engagement à long terme vers une interpénétration croissante entre la société-mère et sa filiale en coopération. Ceci doit être réfléchi, pensé et analysé dès le premier pas dans le pays, jusqu'à l'étape suivante probable : extension de cette coopération au sein même de la société-mère par le biais, par exemple, d'entrée dans le capital d'intérêts chinois.

Ceci ne doit pas effrayer les entrepreneurs et les investisseurs. Se globaliser, c'est aussi accompagner la Chine dans ses volontés d'expansion et d'internationalisation. Il vaut mieux prévoir, planifier et se préparer que de découvrir les situations une fois qu'il est trop tard, quand la seule solution qui se présente est sa propre disparition ou la fuite de ce marché (pour certains secteurs cela est synonyme). Il faut savoir ce que l'on souhaite protéger, et ce ne doit pas être seulement les acquis intellectuels et le potentiel de création. On ne peut pas croire une seule seconde que l'on puisse transformer une société industrielle qui produit en un unique laboratoire à idées et à services.

Le devenir d'Alcatel et celui de sa filiale en Chine est à ce niveau exemplaire : « une entreprise sans usine d'un côté », et une usine qui prospère de l'autre. Aujourd'hui Alcatel Shanghai Bell comporte plus d'employés que la maison-mère (sans compter les effectifs de Lucent aux USA), et la filiale chinoise n'a jamais apporté à la maison-mère le moindre produit financier. Tout potentiel intellectuel qui ne s'appuie pas sur des produits, des hommes et des processus de fabrication est destiné à être perdu.

Il s'agit d'une attitude raciste que de penser que les coopérants étrangers, et cela est encore plus vrai pour les Chinois, n'arriveront jamais à nous égaler voire à nous dépasser, surtout s'ils bénéficient du support d'un Etat riche et puissant, alors que nous sommes localisés dans un pays endetté aux volontés politiques faibles.

Il faut donc rechercher dans la coopération à la fois comment garder une longueur d'avance sur le plan recherche et développement, mais surtout comment préserver et élargir la base industrielle locale par l'accès à de nouveaux marchés. On restera alors un partenaire fort et équilibré, et la partie chinoise conservera son intérêt pour une forme de collaboration évolutive, tout en développant ses propres objectifs.

4.4 La gestion des ressources humaines dans l'entreprise

Enfin, le point qui reste peut être le plus spécifique à la Chine est la question de la gestion des ressources humaines. Nous allons nous y attarder, car le modèle est là vraiment unique.

Recruter son personnel est également un emprunt à la collectivité qui l'a formé et nourri quand il était enfant.

Le chef d'entreprise devient alors le véritable chef de famille de l'employé. Il est celui qui de facto remplace l'Etat pour tout ce qui concerne le bien-être des employés, en vertu du mandat qui lui a été donné de les gérer. L'employé le vénère comme un bon citoyen se doit de respecter son père ou son seigneur (Confucius). Il doit lui être tout dévoué et ne jamais hésiter à le flatter et à conforter son image. Car *« donner de la face »* à son patron, c'est en posséder soi-même et inversement : *« Un oiseau choisit tou-*

jours la branche sur laquelle il va pondre » ; un homme de bien choisit toujours le supérieur qu'il va servir, disent les classiques.

La Direction de l'entreprise se doit d'accorder récompenses et punitions à la mesure du sentiment qu'elle a de la valeur de l'employé, c'est-à-dire de sa fidélité, de sa contribution à l'harmonie, à la bonne entente, de sa capacité à écarter les conflits, … . On est assez loin des KPI (Keys Performance Indicators) de notre gestion des Ressources Humaines en Occident, qui cherchent à produire un cadre fixe, immuable, universel et chiffré pour l'évaluation des employés. En Chine, l'affectif prend le dessus, et celui-ci est réciproque, entre employés et dirigeants

L'envers du décor est le caractère souvent arbitraire des traitements, ce qui rend aussi possible la pire exploitation dans des conditions innommables. Il faut souligner à ce sujet que l'Etat s'est vu obligé de réagir et d'intervenir dans des conflits sociaux qui devenaient de plus en plus aigus, voire violents. Le contrat de travail obligatoire fut imposé, des fonctionnaires locaux furent démis de leur fonction (voire même pire), pour avoir soutenu des patrons ne payant pas de salaires à leurs employés, ou pour avoir réprimé dans le sang certaines de ces révoltes, etc.

L'Etat donc, en principe, n'intervient que très peu dans la gestion des RH dans l'entreprise, mais le fait quand les bornes semblent dépassées, et uniquement sous la pression d'une opinion publique (et de l'Internet) souvent révoltée par des scandales humains, sanitaires ou écologiques insupportables soulevés par quelques patrons peu scrupuleux.

Les Chinois aspirent d'ailleurs dans leur grande majorité à un Etat encore plus fort, plus directif et plus répressif.

Ceci peut choquer les Occidentaux, mais il est admis en Chine que la responsabilité de tout dirigeant ou de toute institution s'arrête au périmètre des personnes qui lui sont soumises. C'est aussi la loi du plus fort qui domine, et une sorte d'anarchie organisée, symbolisée par les règles de circulation dans Beijing.

Seul l'Etat a sous lui tout le monde, et est plus fort que tout. Lui seul peut donc être impartial, non égoïste, non partisan. Quand il possède le Mandat du Ciel, il est donc juste par essence.

Pour un patron chinois, licencier son personnel est une « *perte de face* » dramatique qui ampute sa « famille ». Cela prouve qu'il n'a pas su respecter le Mandat donné par la collectivité et assurer le bien-être des populations placées sous son autorité.

La crise de 2008, par exemple, a prouvé qu'il s'agissait du dernier recours possible, quand toutes les autres solutions avaient été tentées, notamment celle de baisser les salaires de manière drastique (ou même de ne plus les payer), ce qui est toujours mieux accepté par le personnel qui participe ainsi aux efforts à effectuer.

En Chine, le personnel semble surabondant. Là où pour réaliser une tâche, il nous faut deux personnes, il y en a souvent dix. Certains observateurs occidentaux auraient calculé que la productivité individuelle du travail en Chine est 5 fois inférieure à celle existant en Europe ou aux USA.

L'explication est pourtant simple. Dans les formules occidentales, le coût du travail permettant de calculer la rentabilité est toujours au dénominateur du ratio. Aucune évaluation n'est jamais faite en Occident de la valeur réelle positive qu'il y a pour une entreprise à employer une personne, et donc à faire vivre sa famille.

In fine, cette valeur absente des calculs, et qui pourtant se matérialise lors des réductions de personnel en particulier, c'est à l'Etat (ou aux ONG) de l'assumer, et donc de la payer. Les entreprises responsables de cette perte de « valeur » non comptabilisée, n'assument pas ce coût. L'Etat s'en charge par le biais de l'indemnisation du chômage, par sa gestion des troubles sociaux et des grèves, et par le contingentement policier d'une réelle misère qui cohabite de plus en plus mal avec le monde des nantis.

Bien sûr, les entreprises et les particuliers paient des taxes permettant en théorie à l'Etat d'assumer ces coûts (assurance chômage, ...), et les analyses économiques intègrent bien la fiscalité dans les calculs de rentabilité, mais paradoxalement, plus l'entreprise licencie ou délocalise, et moins elle paye de taxes (et inversement), alors que les conséquences sociales de ses actes se font sentir sur toute la collectivité.

En Chine, l'équation est tout autre, l'Etat se repose sur l'entreprise pour donner aux gens du travail. C'est son Mandat, sa contribution à la société en retour des largesses octroyées, et notamment de son autorisation à exister. Il y a, de fait, un déchargement de la protection sociale vers les entreprises (y compris les retraites), et cela est laissé souvent à la seule appréciation de ces dernières. Il faut cependant nuancer ce point de vue : on voit apparaître un cadre réglementaire encore naissant, mais qui ne cesse de se renforcer, y compris parfois jusqu'à l'absurde (ce qui le rend inapplicable).

En revanche, on attend de l'Etat qu'il prenne ses responsabilités quand les choses vont mal.

Deux exemples typiques prouvent que ce dernier sait alors les assumer :

- La restructuration du secteur public dans les années 80 - 90 a jeté des millions de travailleurs à la rue *(fin du « Grand Bol de Fer »* où chacun était protégé, nourri, logé, vêtu, voire marié par son unité de travail ou danwei). Pour faire face aux problèmes gigantesques posés, cette restructuration s'est accompagnée d'une libéralisation tous azimuts du secteur privé, par la création de millions de petites entreprises individuelles, mais aussi par la concession des secteurs rentables de ces grandes sociétés à des gestionnaires privés, à la condition qu'ils reprennent une grande partie des employés (même inutiles).
- Pendant la crise de 2008 – 2009, des milliers de personnes furent licenciées dans les entreprises produisant essentiellement pour l'Export. Il s'agissait pour la plupart de personnes non qualifiées, venant des campagnes pauvres de la Chine (il y a encore 600 millions de gens qui y habitent), et employées dans les provinces du Sud (autour de Canton ou Shanghai notamment). L'Etat s'est chargé d'encourager leur retour au pays (programmé de toute façon pour le nouvel an chinois fin janvier). Puis, par le biais du crédit étatique, de créer dans ces villages ces milliers d'emplois, tout aussi peu qualifiés, pour y construire des infrastructures, des routes, des ponts, des écoles, des hôpitaux, etc. C'est ce que l'on a appelé la politique des Nouveaux Villages Agricoles (Xinnongcun). La crise passée, beaucoup de ces ex-paysans reconvertis en ouvriers immigrés, puis revenus au pays, ont d'ailleurs souhaité y rester. Ceci entraîna alors un fort déficit de main d'œuvre pour les entreprises qui les avaient licenciés, quand elles ont vu leur production reprendre de plus belle.

Peut-être faudrait-il donc regarder la productivité, et la calculer sur de toutes autres bases, afin de comparer la Chine et l'Occident ? La Chine possède 1,4 milliards d'habitants. Nourrir et faire travailler cette immense population est un défi permanent. La Chine n'échappe aux famines régulières que depuis moins de 40 ans au cours de ses 5 000 ans d'histoire. Les Chinois spontanément intègrent dans la valeur d'une entreprise sa contribution à cette tâche nationale.

Elle le fait par le biais de la reconnaissance sociale qu'elle retire de son activité, et de l'entretien des bons rapports nécessaires avec les autorités. Elle le fait pour son image, son standing, dirait-on … Construire un siège social surdimensionné, quasiment mégalomane avec une trentaine de personnes à l'accueil, procède de la même logique : prouver que la collectivité lui a confié des richesses en hommes et en mètres carrés, et qu'elle en fait bon usage !

Peut-être faudrait-il aussi que nous nous inspirions de ce modèle qui met l'Etat à une place tout à fait originale en matière de gestion des entreprises : loin d'un bureaucratisme à la soviétique, loin d'un laisser-faire libéral, et même assez éloigné en fait d'un rôle purement régulateur à la « française ».

L'Etat en Chine possède un rôle de mandataire : tout provient de lui, et tout va vers lui. Qu'il soit personnifié par un symbole (l'Empereur), ou par un Parti (ou son Bureau politique), il est vu lui-même comme dépositaire provisoire d'une volonté (le Ciel ou le Peuple). Son Mandat peut lui être retiré à tout moment, et le sera certainement à la fin de son cycle. Au lecteur d'en déduire dans le débat actuel sur la recapitalisation des banques et sur les dettes de nos Etats, les conclusions qui s'imposent !

Parlons des entreprises multinationales installées en Chine : Sur qui s'appuyer pour l'encadrement ? Comment choisir ses collaborateurs ? Quels poids ou autorité réelle ont-ils par rapport aux autres ? Jouent-ils un double jeu avec les étrangers, ou sont-ils vraiment des alliés ayant choisi définitivement le camp de l'intérêt de l'entreprise tel que le voient les dirigeants étrangers ?

Il s'agit là de questions difficiles qui méritent de longs développements ; le recrutement des cadres chinois pose problème, et l'étendue des pouvoirs que l'on transfère également.

La multinationale compte sur un individu formé et adapté à sa tâche qui sera dévoué à l'entreprise. Les Chinois leur offrent plutôt des éléments choisis au sein de la société chinoise, dont la compétence technique et managériale permet de représenter les intérêts propres à la Chine à l'intérieur des entreprises étrangères.

Qui choisir à la place de Directeur Général en Chine ?

Les relations entre l'encadrement occidental et les employés chinois sont complexes. Pour une multinationale, choisir son Directeur Général en Chine est une tâche difficile et plusieurs écueils sont à éviter. On ne parle pas ici de la gestion des Joint-Ventures avec des partenaires chinois, mais de celle des WOFE (Wholly Owned Foreign Enterprises) ou des Bureaux de Représentation de sociétés étrangères en Chine.

Plusieurs solutions sont possibles :

Expatrier un cadre de l'entreprise.
Recruter un candidat sinisant en dehors de la maison-mère.
Choisir un directeur chinois intégré à la maison-mère.
Choisir un directeur chinois local.

A. Le candidat expatrié

Il est un cadre confirmé de l'entreprise et spécialiste métier, mais ignore tout de la Chine :

Il est confronté à de grandes difficultés en partie dues à la contradiction entre sa totale dépendance vis-à-vis de ses assistants chinois et son besoin d'assurer une autorité sur ces derniers. Sa dépendance se manifestera sur tous les plans, et en premier lieu au niveau linguistique et de sa vie quotidienne : logement, visas, famille, déplacements, ... De plus il est largement incapable d'assurer une analyse vraiment personnelle de pans entiers de son activité : relations réelles avec la clientèle, comptabilité et taxation, choix des fournisseurs, rapport avec le politique, ... Exclu des réseaux, il se trouve obligé de prendre des décisions dont il ne maîtrise pas les sources et l'ensemble des attenants. Signataire de contrats, il a du mal à apprécier le devenir de ces derniers.

Il ne parvient pas à expliquer à ses responsables au sein de la maison- mère une situation qu'il ne comprend pas lui-même. Les instructions qu'il reçoit de son siège sont parfois impossibles à appliquer, et le mettront en porte à faux vis-à-vis de son personnel chinois qui ne lui dira jamais ouvertement qu'il est dans l'erreur.

Sa compétence-métier reconnue doit être son atout. Elle a valeur de modèle pour ses employés chinois, mais encore faut-il qu'il préserve dans la durée son avantage sur ses collaborateurs, et qu'il ne les perde pas une fois formés.

Le danger réside dans l'apparition de deux directions de fait : un Directeur dans sa tour d'ivoire et des collaborateurs qui l'observent, agissent en sous-mains et ne lui communiquent que ce qu'ils veulent bien.

Le temps peut remédier à cet état de fait, car il existe une véritable courbe d'apprentissage de la Chine, si l'expatrié possède la curiosité intellectuelle et l'ouverture d'esprit nécessaires. Son siège lui en laissera-t-il ce temps ?

La formation de ces expatriés et le coaching par des personnalités expérimentées, fortes, fiables et biculturelles (aussi bien chinoises qu'expatriées), sont les seules solutions appropriées pour résoudre ce type de problème. Mais cela demande un partage du pouvoir, de l'écoute, de la curiosité et tous les candidats à l'expatriation sont bien loin de posséder ces qualités. Le pire étant en la matière, et notamment pour beaucoup de français, le sentiment que l'expérience passée à l'étranger (en Afrique par exemple) donne les clefs pour comprendre la Chine, et apprécier correctement les situations ... Il y a là un grand danger !

B. Le candidat sinisant, recruté hors maison- mère

Il connaît la Chine. Il est placé au sein de la société chinoise avec mission de la diriger, et doit faire face à une autre contradiction tout aussi dangereuse : comprendre la situation chinoise et avoir l'impossibilité de communiquer la complexité de celle-ci à son siège.

On observe l'apparition d'un fossé qui ne peut que s'approfondir avec le temps, entre la vision de l'employé expatrié et les analyses et les objectifs de la société qui l'a mis en place. La maison-mère craint de voir lui échapper la réelle direction de sa filiale au profit d'une stratégie qu'elle analysera comme personnelle et souvent incompréhensible. Si l'expatrié souhaite se rapprocher de son siège, il s'éloigne de ses collaborateurs qui seront devenus ses amis et qui auront confiance en lui (au sens chinois du terme. Si, au contraire, il fait corps avec ses équipes, la méfiance s'établit.

La solution réside dans la prise en charge des affaires Chine au sein de la maison-mère par un responsable formé aux complexités de ce pays, ayant toute la confiance de la Direction et s'imposant à l'ensemble des départements concernés (finance, RH, juridique, stratégie, ...). Cela est extrêmement difficile à mettre en pratique. Quelques sociétés ont mis en place des Directions Filiales, gérant leur représentation à l'étranger de façon quasi autonome, mais ce système pose d'autres problèmes : gestion unique de l'image, de la communication, des RH, de la comptabilité du Groupe, etc.

D'expérience, on observe une désillusion grandissante des cadres expérimentés placés en Chine à des postes de direction, vis-à-vis de leur direction en Europe ou aux USA : lourdeurs, procédures inapplicables, manque de réactivité, manque de flexibilité, volonté de concentrer les décisions et de tout contrôler, sont les arguments que l'on entend le plus souvent. Parfois la société- mère va jusqu'à mettre en place des systèmes parallèles de contrôle de la filiale à l'insu même du directeur. Cela peut être ouvert (appel à des consultants), mais parfois plus insidieux en s'appuyant sur un employé chinois de la filiale, trop heureux d'avoir l'écoute de la « vraie » Direction.

Cet employé chinois finit d'ailleurs souvent par remplacer le directeur expatrié et nous sommes alors dans le troisième cas d'école pour la direction d'une filiale à l'étranger.

C. Le Directeur chinois intégré à la maison-mère

Le choix d'un directeur chinois parlant au moins l'anglais peut être le meilleur si ce dernier connaît bien le pays du siège social, y a fait ses études ou une partie d'entre elle, est ouvert aux problématiques biculturelles, et si l'entreprise qui l'emploie connaît bien ses réseaux en Chine, et donc peut mesurer sa fidélité et son attachement à la société.

La meilleure des solutions, mais malheureusement trop rare, réside dans l'emploi par la société d'un jeune talent chinois, qui, à la suite de son diplôme obtenu à l'étranger, a effectué une grande partie de sa carrière au siège social de l'entreprise à des positions de cadre supérieur, et est ensuite envoyé représenter le Groupe en Chine. Ses réseaux seront faibles du fait de sa longue absence du territoire chinois, ce qui est un handicap certain, mais il saura vite, dans son environnement naturel, retrouver les mécanismes propres à la culture chinoise, et exploiter au mieux ceux de ses collaborateurs qui les possèdent.

Sa fidélité au Groupe est forte. Celui-ci lui a fait confiance dès le début de sa carrière et lui a donné la chance d'y exercer de hautes fonctions. Il possède la « culture maison », et l'art et la manière de la faire passer à ses équipes chinoises.

Nous l'avons dit, ce cas est bien trop rare, car peu de sociétés, en particulier françaises, font ainsi confiance à un jeune Chinois diplômé et lui offrent en interne au sein de la direction des possibilités de carrière et une expérience de direction. Si la direction l'envoie trop jeune en Chine, il n'aura aucune crédibilité auprès de ses collègues qui le jalouseront, ne lui reconnaîtront aucune des caractéristiques du chef et, très vite, le marginaliseront et le feront tomber dans des pièges grossiers. Quelles sont les sociétés françaises qui accepteront un cadre supérieur dans leur Board pour assumer des postes importants, et qui formeront ainsi de vrais leaders ?

Ce ne sont pourtant pas les ressources qui manquent, mais quand, dans leur grande sagesse, les pouvoirs publics ne l'expulsent pas du territoire une fois ses études terminées, ce sont les opportunités qui disparaissent, le manque de confiance des directions d'entreprise, le racisme plus ou moins avoué des cadres français, le protectionnisme .... qui aboutissent à lui faire préférer employer son talent dans un restaurant chinois, ou au sein protecteur de sa communauté expatriée, avec laquelle d'ailleurs il n'avait aucun lien au départ.

D. Le Directeur chinois local

Employer un Chinois localement ou recruté à Hong Kong ou à Singapour, pour diriger une unité chinoise (la pratique de la langue anglaise étant alors assurée), nous semble la pire des solutions, ou en tous les cas la plus dangereuse. Les tentations seront trop fortes, les pressions trop nombreuses, et la société est alors réellement en danger.

Si la personne a de l'ambition, elle finira par mettre à profit ses connaissances acquises et le carnet d'adresse que la société lui aura permis d'acquérir pour créer sa propre société concurrente, ou rechercher une offre supérieure chez un concurrent, dès la première divergence. Si elle n'a aucune ambition, c'est la société qui déclinera et vivra tout au mieux dans une médiocrité bureaucratique où chacun se contente d'apporter son minimum. Les années de collaboration ne préservent pas l'entreprise d'une telle « trahison ». On en veut pour preuve l'exemple de la marque Etam, et de bien d'autres.

Bien sûr, ces schémas sont réducteurs et de nombreux contre-exemples existent. Des réussites étonnantes se manifestent dans des conditions pourtant improbables.

Le recrutement de postes de direction en Chine n'est pas une science exacte, c'est pourtant l'acte fondateur de l'implantation dans ce pays. Bien peu de directions d'entreprises sont encore sensibles à ce type de difficultés !

4.5 La politique salariale en Chine

Un autre point de préoccupation croissante pour les industriels occidentaux désireux d'investir en Chine est l'évolution des salaires et des charges patronales servant à financer une protection sociale de plus en plus exigeante.

La Chine connaît une augmentation générale des salaires ouvriers et cadres, mais qui n'a pas la même ampleur selon le lieu géographique et la nature de l'employeur, local ou étranger.

La mise en place généralisée des contrats de travail, le renforcement de l'efficacité de l'Etat dans ses contrôles et la montée de revendications salariales sur la qualité de la protection sociale, exercent une pression de plus en plus forte sur les entreprises et renchérissent les prélèvements obligatoires, et donc le coût du travail en Chine, à un rythme plus rapide que celui de l'inflation.

Là encore, il nous faut faire une différence selon l'entreprise et le lieu de son implantation.

Le cas le plus extrême est la société multinationale implantée dans les grandes villes comme Shanghai ou Beijing. L'augmentation des salaires y croît à un rythme minimum de 15 à 20% par an, et les charges sociales augmentent en permanence (y compris pour les expatriés soumis maintenant à l'obligation de cotiser au système de sécurité sociale et de retraite chinois, tout en ne bénéficiant de quasiment aucun de leur service).

La situation est plus variable pour les entreprises entièrement chinoises, qui peuvent se permettre de respecter avec plus ou moins de zèle les règlements nationaux ou locaux, au demeurant non clairement établis, soumis à interprétations et variant fortement d'une localité à l'autre.

Ce processus est dû à une volonté de la Chine d'évoluer vers des pratiques sociales plus conformes aux impératifs d'un pays maintenant développé, d'améliorer le bien-être de sa population et d'imposer enfin des normes acceptables et conformes à une économie globalisée dont la Chine aspire à faire partie depuis son entrée à l'OMC. Cependant, il y a également d'autres arrière-pensées dans la façon différenciée de mettre en place les nouvelles règlementations.

Il s'agit aussi d'une arme économique pour le pouvoir chinois, afin de créer de véritables différentiels de compétitivité entre les entreprises chinoises et les multinationales installées, y compris quand elles sont en partenariat sous forme de joint-ventures. Il s'agit de privilégier les champions nationaux contre les joint-ventures, les joint-ventures contre les sociétés à capitaux 100% étrangers, et ces dernières contre les bureaux de représentations, devenus la bête noire des autorités. Le niveau des rémunérations et celui des charges sociales participent de cette politique.

Il s'agit également d'engager les sociétés (toutes devrait-on dire, mais en particulier les multinationales créatrices de beaucoup d'emplois) à s'établir en dehors des grandes villes développées, et d'aller toujours plus à l'Ouest, ou dans le Nord-Est, afin de gagner en compétitivité. Le différentiel de salaire peut être de un à dix pour un même poste de travail entre Shanghai et Xian par exemple. Ceci dit, la productivité des travailleurs et leur niveau de formation y est bien moindre.

Il s'agit également de se débarrasser des activités à faible valeur ajoutée, et d'engager dès maintenant un processus de délocalisation vers l'intérieur de la Chine ou dans les pays du Tiers-monde en Asie ou en Afrique, notamment dans les secteurs les plus polluants.

Enfin, on peut se poser la question plus générale de la baisse de la compétitivité chinoise pour toutes les activités de sous-traitance, et des conséquences que cela entraîne dans la stratégie des groupes étrangers. Il est clair toutefois que ces activités sont moins encouragées par le gouvernement chinois. Mais, la mondialisation s'exerce aussi à l'intérieur du territoire chinois, et on peut toujours essayer de trouver à produire moins cher dans une province plus pauvre quand les grands centres développés ont perdu leur compétitivité.

Une autre activité notable est le développement de l'ingénierie chinoise en matière de sous-traitance. Dans le textile par exemple, les commandes des sociétés occidentales sont prises comme par le passé par des industriels chinois qui, eux-mêmes, font produire du « made in China » au Bengladesh ou au Cambodge par exemple.

4.6 L'élaboration du Plan Stratégique : un exemple de pratiques opposées

Les fondamentaux de la « stratégie de l'entreprise » reposent sur l'élaboration de son Business Plan, la prise de décision et le leadership (mot apparemment intraduisible en français).

Dans l'entreprise, le processus qui amène à la décision procède d'une démarche bien codifiée. Il faut d'abord connaître la situation, les rapports de force, la concurrence, les acteurs en présence.

On a construit des outils « brevetés », pour aider le « pauvre » décideur à organiser sa pensée, afin qu'il ne dérive pas trop, et n'oublie rien : les diagrammes de Porter des 5 forces, l'analyse du marché, de la segmentation, de la chaîne de valeurs, les Benchmarks, les 7 S, les diagrammes BCG, l'analyse de Pestel, etc. Les USA ont dans ce domaine une longueur d'avance, puisque la communication humaine peut même être réduite à quelques règles simples : Analyse transactionnelle par exemple.

A partir de ce réel, ainsi décodé et appréhendé suivant des analyses simples, pour ne pas dire simplistes, on est censé déduire des pistes possibles de décision, des opportunités ou des risques et, là encore, ces mêmes outils servent à les identifier, à les décrire, à les mesurer, à les différencier, et finalement à prédire leurs conséquences.

Pour cela un autre outil génial est à la disposition des décideurs : le Busines Plan, et son merveilleux compagnon Excel, qui permettent de prolonger avec une simplicité prodigieuse toute courbe historique et des ratios jusqu'à la Nuit des Temps, et donc de faire des prévisions !

La décision du décideur ainsi mâchée, consiste à choisir le meilleur des scénarios, sur la base du ratio le plus attractif.

Mais ce n'est pas tout. Aidé de tous ces outils qu'il possède, l'intelligence du stratège est sans limites, mais celle de sa Direction ou de son Conseil d'Administration ou de ses actionnaires, elle, ne l'est pas. Il faut donc leur présenter le tout de façon attractive sur des « Power Point », trois *« bullet points au maximum par slide »,* car qui aurait le temps d'en lire et d'en comprendre même un de plus ?

On construit ainsi le fameux Business Plan ou Plan stratégique que l'on peut établir sur trois ans, cinq ans, vingt ans ou trois mille ans, si on le souhaite (la compatibilité entre Excel et PowerPoint en terme d'espace disponible est souvent le critère de choix décisif !). On « vend » ensuite ce Business Plan aux décideurs, en tentant de bien maîtriser son expression et la naturelle frousse que l'on éprouve à être en scène devant des gens importants !

Maîtriser cela, c'est être un bon décideur. Il restera à montrer que l'on est un bon gestionnaire en « implémentant » le plan accepté, et à faire coller au mieux la réalité extrapolée avec celle que nous réserve le futur. D'où les changements à la tête de nos organisations.

A l'opposé, l'analyse stratégique et le processus de décision dans une entreprise chinoise commencent par une intuition, une vision, celle du pouvoir, qu'il soit le chef de l'entreprise ou l'Etat.

Le mot d'ordre initiateur sera donc toujours donné par le Chef (ou imposé par l'Etat), qui va fixer, pour un temps, le but à atteindre.

Il aura eu une vision de cette finalité par sa connaissance attentive et intuitive des prémices de changements déjà présents dans l'ordre existant. Cela lui aura ouvert des perspectives et des opportunités (Jihui). Cette vision peut d'ailleurs se borner à copier ce qui a déjà fonctionné ailleurs, et n'est pas nécessairement un processus créatif. Cette impulsion initiatrice n'est pas non plus nécessairement unique, et il est parfaitement possible, sinon souhaitable, de poursuivre plusieurs pistes à la fois et de se lancer sur plusieurs idées, dans l'espoir que l'une d'entre elles soit la bonne.

Les processus d'obéissance et de respect du chef mis en place dans l'entreprise font que tout le monde suivra la même voie, sans se poser de question ni remettre en cause la faisabilité de l'objectif fixé. On mettra alors en pratique, et c'est la seule chose qui sera demandée à l'employé.

Le plan stratégique consistera donc plutôt à proposer des catalogues d'actions concrètes, ou la mise en place de moyens permettant, on le suppose, d'atteindre le but. La méthode des essais et erreurs est alors à l'épreuve ; le temps ne compte pas réellement ; les ressources à employer non plus ; leur gestion rigoureuse encore moins. Il y a dans l'organisation une grande patience mêlée d'agressivité, des emballements à outrance suivis de longues périodes d'apparente inaction, une flexibilité étonnante sur les méthodes, mais un esprit borné sur les principes fondateurs.

S'il y a succès, le Chef est comme sanctifié. Il aura eu tout le mérite, et son équipe le lui dira largement. Ce système connaît rarement l'échec, pour les raisons déjà évoquées : on préfèrera faire en sorte que ce qui apparait comme visible soit un succès, quitte à faire preuve de la mauvaise foi la plus totale. L'entourage se prêtera volontiers à ces manipulations, car faire *« perdre la face »* au Chef est impensable, et trop lourd de conséquences.

Il y a donc deux ingrédients essentiels : la vision du Chef et le sens tactique de ses lieutenants. L'efficacité se mesure à la flexibilité et à l'adaptabilité des moyens tactiques utilisés. La mobilisation de tous sur un objectif déterminé est la règle. C'est un management volontariste et parfois despotique. Si la vision est bonne, si elle correspond bien aux changements possibles (elle est dans l'air du temps), la réalité (c'est-à-dire le futur) s'y conformera, quelles que soient les conditions existantes au départ qui elles, n'ont jamais fait l'objet d'une étude purement analytique.

Les malentendus

Ces deux conceptions opposées de la stratégie et de la décision sont perceptibles dans la vie quotidienne des entreprises.

Elles sont la source de beaucoup de malentendus dans la gestion par des Occidentaux de personnel chinois dans le cadre de sociétés étrangères, ou dans les rapports entre les actionnaires étrangers et chinois au sein des sociétés mixtes. Les objectifs précis de chacune des parties sont souvent mal posés afin de faire prévaloir une unité du moment. Pour les Chinois, cela doit rester la règle car, ce qui compte, c'est précisément l'harmonie et l'entente qui anime sincèrement les deux parties, au moment où elles se décident à coopérer.

Le contrat lui- même n'est que la conclusion écrite, à un moment donné, qui fournit une image de l'état de cette entente au moment où il est signé. Il n'engage pas l'avenir de façon irrémédiable, et ce n'est pas un accord sur les prévisions (et un plan stratégique), mais une étape dialectique qui clôture un passé de discussions souvent très longues et très pénibles. Ce sera l'occasion d'une grande cérémonie avec banquet, où chacun ouvre son cœur (Kaixin) et où l'amitié est dite « éternelle ». Que deviendra ce contrat dans quelques mois ou années ? Le Chinois n'en sait honnêtement rien (sauf s'il s'agit vraiment d'une stratégie perverse, ce qui peut aussi se produire comme partout ailleurs).

A son partenaire de faire comme lui, de suivre de près les évolutions de la situation, d'être à l'écoute par une présence très régulière des prémices de changement de la situation ainsi créée, de faire preuve lui aussi de fluidité, d'adaptabilité, de flexibilité. A lui de savoir discerner le secondaire du principal, de savoir analyser si une contradiction qui apparait est porteuse ou non du germe de la division « un se sépare en deux » ; et si elle est « au sein du peuple ou antagonique » ?

Faisons une parenthèse sur la théorie des contradictions, qui revêt une place importante dans la pensée chinoise et se réfère explicitement aux apports « théoriques » de Mao Ze Dong sur le marxisme. Sans comprendre cet outil conceptuel de la pensée chinoise, tous les malentendus sont effectivement possibles.

Mao Ze Dong affirme : « La loi des contradictions inhérentes aux choses, c'est-à-dire la loi de l'unité des opposés, est la loi fondamentale de la nature de la société et, par extension, de la pensée ».

Pour Mao comme pour Marx ou Hegel, la contradiction est le moteur universel de tout développement. Toutefois la conception de Mao emprunte à la tradition taoïste, dans la mesure où les pôles de la contradiction restent complémentaires et interdépendants : « Sans le haut, pas de bas ; sans le bas, pas de haut ».

Mao emprunte à la dialectique marxiste, mais aussi à la tradition chinoise, l'idée que les contradictions se développent dans le temps, et qu'il est nécessaire de les hiérarchiser. Il différencie celles qui portent les prémices d'un ordre futur, bousculant celui déjà établi, et celles qui font évoluer la situation à l'intérieur d'un même système, du même « Mandat du Ciel. ». Il en est donc ainsi des contradictions principales et secondaires, des contradictions au « sein du peuple » ou « antagoniques ».

Aujourd'hui ce syncrétisme entre Marxisme et Taoïsme s'adapte parfaitement au système capitaliste, et les mêmes outils conceptuels sont utilisés pour définir les relations qui se nouent entre partenaires ou adversaires dans le champ économique de l'entreprise.

Que dit notre fameux Business Plan « vendu » de longue lutte à nos Directions Générales de tout cela ? Comment croire à la possibilité d'éviter les malentendus sur de nombreux aspects ?

Prenons l'exemple de la propriété intellectuelle. En Chine, apprendre c'est copier, puis s'entraîner sans relâche (Xuexi). L'entreprise chinoise qui accède ainsi au « savoir » (par ex., par le biais de la sous-traitance pour un partenaire occidental) n'est plus la même que celle qui avait signé le premier contrat. Son aspiration est autre, sa nature est différente.

Le contrat doit donc évoluer pour correspondre à la nouvelle situation. L'entreprise chinoise, souhaitera valoriser sa propre marque, s'étendre, remplir pleinement son Mandat social et national. Si le partenaire occidental ne le comprend pas ou ne peut rien lui offrir, l'entrepreneur chinois pensera-t-il qu'une valeur morale ou juridique, que des engagements même vieux de 20 ans, ou que l'amitié réelle qui le lie à telle ou telle personne, puis-

sent prévaloir sur la situation nouvellement créée, et l'empêcher de voler de ses propres ailes ?

C'est en quelque sorte l'aventure qui est arrivée à Danone, et le PDG du groupe alimentaire Wahaha, M. Zong Qinghou est aujourd'hui considéré en Chine comme un héros du Peuple, qui siège à l'Assemblée Populaire Chinoise.

CHAPITRE 5

LES EVOLUTIONS DE LA SOCIETE CHINOISE, ET LES NOTRES...

5.1 Le rapport au pouvoir dans les entreprises

L'Etat chinois comme le dirigeant d'entreprise - nous avons vu l'identification entre les deux - imposent un système de type impérial, c'est-à-dire centralisé et autoritaire.

Les dirigeants demandent en premier lieu une obéissance quasi absolue, mais veulent aussi connaître ce que pensent leurs affiliés (le Peuple ou le salarié), et souhaitent exercer un contrôle strict sur leurs états d'âme. Ainsi mettent-ils en place les pratiques de l'autocritique, de l'amélioration continue de la performance, ou du système des requêtes ou des plaintes (ou boîtes à idées) ....

Puis, vient ensuite le temps du jugement, qui permet de déterminer publiquement qui a mérité de l'Etat (les Héros qui couvrent les magazines officiels), ou qui a le mieux rempli sa fonction dans la société : le travailleur émérite dont la photo est placardée à l'entrée des bureaux. Sont également mis au pilori ceux qui ont ouvertement manqué à leur devoir, n'ont pas rempli les tâches et objectifs assignés, ou tout simplement n'ont pas su faire avancer les situations et sont restés passifs.

La dernière caractéristique de ce système est le sens de la responsabilité des dirigeants à l'égard des personnes dont une partie de l'existence dépend d'eux.

Il se crée ainsi une organisation complexe où la gestion des aspects contradictoires est permanente, et n'obéit jamais à des règles mécanistes ou simplificatrices. La résultante doit être à la fois dynamique et adaptable à toutes les situations, mais aussi harmonieuse, c'est-à-dire consensuelle, disciplinée et spirituelle (donner un sens à l'action).

Comment le peuple réagit-il face à cet ordre établi ? Comment l'employé perçoit-il sa direction ? Ces deux questions se rejoignent. Elles revêtent en Chine des caractéristiques contradictoires qui dépendent essentiellement de la situation.

- La soumission, quand la direction est légitime. C'est une des qualités principales. Vouloir s'opposer et se singulariser conduit à des dangers pour sa propre existence, et celle de sa famille, et revient à se couper du groupe, donc à ne plus exister. Le suicide est un recours possible.
- La révolte, quand les signes montrent que le pouvoir n'est plus en maîtrise de la situation. Elle est nécessairement collective, extrême, violente et radicale. Il ne s'agit plus d'obtenir des améliorations, ce qui est le sens normal en période d'harmonie, mais de renverser l'ordre existant.
- Le dévouement et la loyauté, quand la direction assure correctement ses responsabilités. C'est-à-dire quand le dirigeant sait entendre à temps les revendications, se montre attentif aux situations personnelles de l'employé. Le paternalisme a sa correspondance dans la vénération du leader, et son encensement devant les autres.
- La passivité ou la démission, quand on a le sentiment que l'on n'est pas écouté et reconnu. L'existence ou pas de meilleures opportunités détermine l'attitude de l'employé face à une situation insatisfaisante, c'est-à-dire quand il éprouve le sentiment que la direction ne le comprend plus. L'absence d'empathie entraine l'apathie ou le départ.
- Le suivisme et la routine, quand l'ordre est donné sans appel par le chef. On ne discute pas les décisions et on ne les critique pas ouvertement : cela serait faire *« perdre la face »* à son patron. On les applique donc avec plus ou moins de zèle. L'autoritarisme de la direction entraîne la passivité.
- L'esprit critique et l'innovation, quand elle est suscitée par la direction. La vie dans une entreprise chinoise est

ponctuée de réunions, souvent de faux débats préparés par la direction afin de communiquer ses ordres, mais faisant parfois vraiment appel à l'initiative des individus ; on suscite leur avis, et on donne un sens à l'action à entreprendre. Il y a de très multiples façons pour alerter indirectement sa direction qu'elle est dans l'erreur. Ce n'est jamais brutal, direct, frontal et public. Cela doit être détourné par l'usage de comparaisons ou de paraboles et, pour les lettrés, par les références savantes véhiculées par les « Chengyu » (expressions à quatre caractères appelés à tort « proverbes chinois »). Le « Non » est prohibé dans la conversation, et n'existait d'ailleurs pas en chinois classique.

- La certitude et l'unité, quand elle reflète une ligne ferme donnée par la direction. Il est surprenant de voir comment les masses chinoises, ou l'ensemble des employés d'une entreprise, peuvent immédiatement se mobiliser à partir d'une impulsion ferme. Le doute n'est plus alors permis, car déstabilisateur et néfaste pour l'action demandée et supposée nécessaire.
- Le doute et la division, face à des situations non tranchées. Naturellement les Chinois ont chacun un avis très différent sur toute chose. De très nombreuses réalités coexistent dans ce pays, les différences sont très marquées. Loin d'être un peuple de « fourmis », les Chinois sont caustiques, critiques, anarchiques dans leurs comportements, fortement soumis aux émotions, et propres à s'enflammer pour défendre ce qu'ils considèrent comme juste. Le désordre est la règle, tant qu'il est toléré. Nous pourrions multiplier les exemples.

Il ressort de tout cela que le peuple ou l'employé se comportent en miroir des comportements de l'Etat ou du Chef. Le leader chinois doit savoir se montrer autoritaire, attentif aux intérêts de chacun, à l'écoute des critiques même subliminales, et très clair dans ses directives, donc inspiré. Alors le peuple ou le salarié seront obéissants, loyaux, innovants, mobilisés, et l'harmonie régnera.

Nous voyons par cette analyse comment la nation chinoise entrevoit la démocratie. Le chef doit pouvoir connaître l'avis de ses subordonnés, et doit disposer d'outils performants pour ce faire.

Au niveau de l'Etat, il s'agit de construire un système administratif unique représenté à la base, au plus bas des échelons, et censé pouvoir remonter les informations au sommet, jusqu'aux instances dirigeantes ultimes : le Bureau Politique et le Conseil d'Etat. Ensuite, il faut que ce même système puisse agir en retour, c'est-à-dire qu'une unité à la base puisse clairement obtenir de son échelon hiérarchique supérieur un jugement qu'elle devra appliquer sans discussion. On a ainsi décrit à la fois le système mandarinal et le fonctionnement du Parti Communiste, c'est-à-dire le centralisme démocratique à la chinoise.

Parallèlement, la société civile est organisée en une multitude d'associations de quartier ou corporatives, et d'organisations non gouvernementales, œuvrant pour des causes diverses, caritatives, intellectuelles ou sociétales.

Ceci est accepté par le Pouvoir à la condition unique, que ces organisations ne rompent pas le lien organique avec le Parti, et ne puissent se constituer en une structure horizontale séparée des instances verticales mises en place. Le danger est tout autant de perdre la remontée possible des informations qui circulent dans ces cercles que la possibilité de ne plus pouvoir les contrôler, voire de les stopper, si elles nuisent aux objectifs des dirigeants. On peut dire à peu près ce que l'on veut dans une organisation de masse en Chine, mais il faut que le Parti puisse le savoir, et éventuellement agir ou réprimer s'il le juge utile, ce qui apparaitra comme une marque de faiblesse, et reste l'ultime ressort quand tout autre moyen plus « harmonieux » a échoué.

Il en est de même au niveau de l'entreprise, et c'est encore le Parti qui doit exercer ce rôle de courroie de transmission. En général, le Secrétaire du Parti est, dans une grande entreprise d'Etat, plus important que son directeur, et tous les échelons sont doublés. Nous assistons alors à une réelle codirection de l'entreprise avec le Parti, chargé de contrôler le fonctionnement d'un système hiérarchique classique. L'entreprise est un rouage de l'Etat, donc pourquoi vouloir mettre en place dans une société un système différent ?

La question syndicale est alors posée, et elle n'est pas tranchée aujourd'hui en Chine. On assiste à une demande de plus en plus forte des travailleurs de se voir représentés réellement et collectivement par une organisation détachée de la direction, ce qui n'est pas le cas du Parti puisqu'il codirige l'entreprise. Les syndicats revendiquent de plus en plus d'autonomie, et ne souhaitent plus assurer un rôle croupion face à la codirection effective entre le Parti et la hiérarchie. Là encore, le Parti a cependant le devoir d'assurer son contrôle, au même titre que ce qu'il fait dans toute organisation de masse. La redondance et l'ambigüité de ces différentes fonctions, face à un mode de management de plus en plus inspiré par les méthodes occidentales, est une question qui n'est pas réglée en Chine.

En matière de politique sociale, les administrés attendent de leurs gouvernants la mise en place de structures efficaces et justes, mais certainement pas une intervention qui pourrait aller à l'encontre ou se substituer aux autres autorités fonctionnant selon le même principe : La province, le canton, la municipalité, l'entreprise, le clan, la famille, etc.

Le code du travail en Chine est de façon surprenante très contraignant, quand il est appliqué, ce qui est forcément le cas pour toutes les entreprises étrangères. Les employés sous contrat de travail sont en apparence très protégés au niveau des horaires, des congés, des primes de licenciement, de l'hygiène, de la sécurité, de la représentation syndicale, etc. De plus, la situation ne cesse de s'améliorer en qualité mais aussi en quantité de personnes couvertes par ces codes. Cependant, comme tout le système législatif, le droit du travail chinois est la plupart du temps soumis aux interprétations des personnes en charge de leur application et à l'existence de nombreux règlements locaux contradictoires, si ce n'est pas, tout simplement, à une indifférence totale quant à son existence même. L'analyse doit donc porter sur la pratique et non sur l'arsenal juridique lui-même.

Chaque niveau est, à l'intérieur de son unité, responsable de la politique sociale, c'est-à-dire en situation comptable vis-à-vis de la satisfaction des besoins élémentaires de ses administrés : nourriture, logement, éducation, santé, ... Chaque niveau a de plus, le devoir de veiller à ce que tous les sous-niveaux qui lui rapportent connaissent une prospérité relative. Donc chaque niveau a en charge des actions de solidarité nécessaires et de la répartition des moyens y afférant.

Il s'agit là d'un système complexe d'interdépendances, alliant un individualisme forcené de chacune des parties, qui ne se sentent concernées que par elles-mêmes, avec une organisation pyramidale de pouvoirs emboîtés les uns dans les autres, et disposant de moyens autoritaires pour se faire respecter. L'État se situe tout en haut de cette pyramide, et la famille tout en bas.

L'État ne peut donc être un État-Providence, mais en dernier ressort, tout se réfère à lui.

Chaque échelon dispose d'une « liberté » de choix, mais fortement limitée par sa soumission nécessaire aux organes de pouvoir auquel il obéit.

Au niveau de l'individu, il est entièrement responsable de sa situation bonne ou mauvaise (pauvreté ou richesse, réussite scolaire ou échec des enfants, maladie ou santé, ...), comme dans le système libéral américain, pourrait-on dire. Mais à un niveau plus collectif, c'est l'entité administrative de tutelle qui sera tenue pour comptable du système mis en place (PIB de l'entité, système éducatif ou de santé en place, ...).

Ce schéma s'applique à tous les pans de la politique sociale en Chine, et chacun a donc sa part de responsabilité. L'entreprise, nous l'avons vu, n'échappe pas à cette règle.

5.2 La Démocratie

Il faut aborder la question de la démocratie en Chine dans le cadre de ce mode particulier de relations entre pouvoir et administrés.

Pour pratiquement 100% des Chinois, les fondamentaux de ce que représente le terme « diriger » ne peuvent être remis en cause. Il s'agit à la fois d'une prégnance culturelle historique, mais aussi d'un rapport assez objectif avec la réalité : gérer 1,4 milliard d'individus, tous différents, et par nature indisciplinés.

La première revendication démocratique est paradoxalement de demander à l'Etat de mieux fonctionner, au sens chinois du terme, c'est-à-dire d'être mieux informé des réalités du terrain, et d'agir plus fermement sur celles-ci.

Ce qui est reproché au Parti n'est pas d'être le Parti, mais d'avoir accueilli en son sein des brebis galeuses (responsables locaux) qui obstruent quelque part le processus souhaité. Soit ils ne font pas remonter les problèmes vers le haut (par intérêt personnel, corruption, manque de courage et peur du supérieur, manque de compassion et d'intérêt pour la population, ...) ; soit ils ne sont pas capables d'appliquer les directives des supérieurs (manque de leadership, faiblesse de caractère, incompréhension des directives).

Ce sont ces personnes qui sont critiquées et pas le système. Elles ont perdu leur Mandat, et doivent donc être radicalement supprimées (voire par la peine suprême). Il est alors demandé au Parti d'agir très fermement, et de façon la plus brutale possible, afin que cela ait valeur d'exemple. Le Parti s'y résoudra, souvent à contrecœur, si les voix accusatrices sont suffisamment fortes pour se faire entendre, et si le réseau relationnel des personnes critiquées s'avère à un moment trop faible pour les couvrir, ou s'oppose à d'autres réseaux plus forts que le sien. Voilà ce qu'est la réalité de la lutte pour la démocratie du peuple chinois.

Ce système n'est pas totalement incompatible avec une démocratie parlementaire et élective. D'ailleurs, il faut noter que les Chinois votent très souvent, et à bulletins fermés, pour élire leurs représentants locaux. On vote aussi au sein du Parti pour désigner les représentants devant assurer le lien avec les instances supérieures. N'oublions pas que le Parti comporte entre 60 et 80 millions de membres, et représente par définition toutes les couches de la société. L'évolution de la Chine va évidemment vers de plus en plus de parlementarisme, mais là encore, les Occidentaux (et quelques Chinois radicalement contestataires) qui le souhaitent risquent d'être fort surpris et désappointés par le résultat, qui ne pourra jamais ressembler à notre système politique.

5.3 Le monde Internet

Il est à noter que le seul espace non organiquement contrôlé en Chine est celui de l'Internet.

Le pouvoir déploie de grands efforts dans ce sens, en multipliant censure (facilement contournée par les VPN) et sites ouvertement dirigés ou indirectement manipulés par lui (mais rejetés par les plus jeunes). La tâche est cependant très difficile, et n'est pas sans poser de graves questions aux dirigeants, qui n'ont pas encore trouvé les réponses adaptées. La polémique autour de Google en Chine participe de ce débat (avec en plus des paramètres uniquement commerciaux portant sur le prix des licences). La question de la barrière linguistique permet de cantonner le problème plus ou moins à l'intérieur des frontières : même les Chinois relativement à l'aise en anglais ont quelque mal avec le « look & feel » des sites étrangers, fort différents des leurs.

Ainsi, le phénomène Internet en Chine produit-il encore plus qu'ailleurs, une métamorphose profonde des modes de consommation et de communication. Les jeunes Chinois, ceux nés après 1985 (date de référence en Chine pour parler de la nouvelle génération), trouvent leur presque unique source d'information sur le Web, dans les réseaux sociaux et les micro-blogs chinois. Les moyens traditionnels, revues de luxe et télévision sont délaissés car trop censurés par le pouvoir et réservés aux personnes âgées. C'est là, sur leTweeter chinois (weibo) que les tendances se créent, qu'elles sont discutées et analysées. Le Web est le lieu des commentaires pertinents, insolents, cyniques, ... Il s'agit là d'un espace de liberté, où l'on échappe à la fois à la censure, mais aussi au pouvoir commercial des marques, et où se forment les seules communautés de jeunes non encadrées par le Parti ou par la finance.

Il s'agit là aussi, nous pensons, du plus grand défi auquel le système traditionnel chinois doit faire face. Il est bien plus important que la contestation réprimée parfois sauvagement des quelques intellectuels chinois minoritaires, rêvant de l'Occident ou d'une société différente.

Il faut aussi noter que ce défi n'est pas propre à la Chine, et que tous les pays et tous les systèmes se posent les mêmes questions face à la montée de l'Internet. Les activités propres au Web dérégulent totalement les modes d'acquisition de la connaissance (au détriment de l'académique), ceux du commerce (notamment pour la production musicale et littéraire), des organisations sociales (Facebook), de la politique (voir la campagne d'Obama), de la diplomatie (Wikileaks), et des échanges d'idées.

5.4 La famille chinoise

5.4.1 Place de la femme dans la société

5.4.1.1 Le modèle traditionnel chinois

Le rôle traditionnel de la femme en Chine est de rester cantonnée aux affaires intérieures de la famille : les enfants, la cuisine et la maison. Le domaine extérieur reste réservé à l'homme : le travail, la socialisation, le pouvoir, ... La femme est chargée de garder la cour intérieure (houyuan) en paix, pendant que l'homme a le devoir d'aller conquérir le monde. Ainsi, dans les grandes demeures ou à l'entrée des temples, peut-on trouver deux lions de sexe opposé, qui sont les gardiens des portes : la femelle a sous sa patte un petit, et le mâle domine la terre de sa griffe. Confucius a fortement codifié cette relation et, encore aujourd'hui, la société chinoise reste fondamentalement dominée par la tradition.

Il faut toutefois nuancer ce point de vue par des caractéristiques propres à la femme traditionnelle chinoise :

Les femmes chinoises, par leurs conseils, le harcèlement ou la subjugation, ou encore par des moyens détournés (la ruse), ont toujours influencé très fortement les actions extérieures des hommes, voire les ont entièrement conditionnées. La littérature et l'histoire regorgent d'exemples de souverains s'abandonnant totalement aux décisions de celles qui restent derrière le paravent (les femmes et les courtisanes). Les régentes se substituent au pouvoir du dirigeant qui est soit trop jeune, soit trop faible ou déjà sénile. Il en fut ainsi de l'Impératrice Cixi, qui régna en maître à la fin de la dynastie Qing, ou encore de la dernière femme de Mao Zedong, Jiang Qing. Intérieur et extérieur ne peuvent être dissociés et interagissent en permanence.

D'une façon générale, et peut être un peu plus que partout ailleurs, la femme chinoise est persévérante, courageuse et sait faire preuve d'une ténacité hors pair. Dans les moments de crise, ou quand la pression extérieure est trop forte, c'est elle qui résiste (au sens d'assurer la survie). Lors des deux cents dernières années, le peuple chinois a traversé des phases de dénuement et d'horreurs sans précédents dans l'histoire (guerres, famines, troubles sociaux, misère, ...), et ce sont les femmes qui ont su développer cet instinct de survie, et qui ont alors réellement porté la société en péril.

Pour la femme mariée et traditionnelle, le Mandat reçu est celui octroyé par le mari : faire fonctionner l'unité sociale de la famille.

Comme vis-à-vis du supérieur hiérarchique, on attend du conjoint d'assurer à la famille la meilleure vie matérielle possible, grâce au salaire le plus élevé, mais aussi de porter de l'intérêt et de la sollicitude à la situation concrète et matérielle de son « territoire » : femme, enfants, relations de famille, ... On espère de lui la même attitude paternaliste, compatissante et autoritaire en fonction des situations ; le même sens des décisions et de la responsabilité, ... Voilà le mari idéal, celui qui reproduit le modèle du Patron idéal et de l'Etat idéal. La famille est un maillon essentiel de la société et fonctionne comme elle. En retour, ce « bon » mari recevra de sa femme les services et les attentions qui lui sont dûs : des repas convenables, une maison soignée, des enfants bien éduqués, et quelques tendresses plutôt subies : un devoir conjugal, devrait-on dire.

Ce tableau, en fait peu différent du nôtre, est de très loin le plus répandu en Chine, même dans des familles qui paraissent à l'extérieur comme très avancées ou chez les intellectuels. Bien peu de couples échappent encore à ce modèle social, et c'est peut- être la différence essentielle avec l'Occident.

5.4.1.2 Le modèle révolutionnaire et le travail des femmes

Depuis la révolution chinoise, on assiste à une marche vers l'idéal d'égalité des sexes, dont se prévalent les communistes chinois : *« La femme est la moitié du Ciel ».*

Le communisme chinois a été pionnier, dès les années 50, pour promouvoir l'émancipation des femmes. Sous ce régime, les femmes bénéficient de l'éducation (90% des femmes étaient illettrées avant 1949), de droits (divorce, liberté de choix du conjoint ou celui de rester célibataire, sexualité plus libre, ...), de partage du travail (46% de la population active et pratiquement dans tous les métiers, etc.), et de possibilités de concilier vie familiale et vie professionnelle : prise en charge des enfants par des crèches d'entreprises par exemple.

De nouveaux comportements se mettent en place dans la famille et les relations hommes-femmes : partage plus égalitaire de la prise en charge des enfants, des tâches ménagères, etc. La mixité dans les écoles, le Parti, l'armée, est la règle. La recherche d'une féminité excessive, la coquetterie, sont condamnées comme des attitudes contre-révolutionnaires. La femme idéale est tellement l'égale de l'homme qu'elle en perd toute spécificité.

Ce modèle a fait évoluer la société chinoise et reste prégnant encore de nos jours : la grande majorité des femmes travaille ; la mixité des métiers est générale ; l'homme participe plus qu'en Occident aux tâches domestiques et à la prise en charge des jeunes enfants ; les comportements machistes ne sont pas encouragés sociétalement ; etc.

Même si le monde féminin n'est en rien homogène, on s'en doute, dans tous les cas, par choix ou par nécessité, la femme chinoise est très active, et statistiquement beaucoup plus entrepreneuriale que dans nos pays. Quelques-unes font même partie des plus grandes fortunes et font autorité dans divers domaines.

Mais cette prégnance du modèle de la femme émancipée par le travail est bien relative, et beaucoup de femmes en Chine n'aspirent en effet qu'à construire un foyer, avec un avenir assuré à court et à long terme. L'ancien modèle révolutionnaire, de la jeune femme, célibataire, fusil à l'épaule, habillée de vêtements sexuellement indifférenciés, n'est plus à l'ordre du jour. La femme chinoise s'est réapproprié le modèle classique de la féminité, même si elle est obligée de travailler, le salaire d'un seul étant insuffisant pour faire vivre la famille.

Seule une minorité de femmes appartiennent à une nouvelle génération qui veut réussir sa vie universitaire et professionnelle avant tout, reléguant au second plan le rôle de mère et d'épouse. Celles-ci s'inquiètent plutôt de voir augmenter le nombre d'hommes devenus trop « féminins », et qui n'aspirent qu'à une vie modeste dans un foyer sans histoire. Le travail des femmes a ainsi pour des raisons d'obligation, ou par choix, fortement changé la condition féminine en Chine (ce qui n'est pas propre qu'à ce pays).

Citons pour être complet, une tendance encore assez marginale, mais en évolution dans les grandes villes, où ce sont les maris qui restent à la maison et les femmes qui investissent l'extérieur pour faire vivre la famille. Le pragmatisme des Chinois, notamment pour les quelques femmes dont nous avons parlé et qui ont réussi leur vie professionnelle, peut, dans certains cas, faire choisir à un couple ce type de solution. Mais la société se montre moqueuse à son égard.

5.4.1.3 Les contradictions

La société chinoise, prise entre deux modèles antagoniques de femmes, continue à connaître d'importantes contradictions sur cette question, comme cela est d'ailleurs encore le cas en Occident, et la coexistence de modèles différents est frappante.

On peut dire aujourd'hui que la situation des femmes en Chine est assez proche de celle de leurs homologues occidentales, avec les mêmes contradictions, les mêmes avancées, et parfois les mêmes reculs : écart de salaire important (70% de celui des hommes en moyenne), difficultés d'accès aux professions de pouvoir (politique) ou dans la recherche scientifique, dénigrement et préjugés de la gente masculine, … .

Parler en général de la femme chinoise est trompeur, car de grandes différences subsistent en fonction de la classe sociale, de la localisation urbaine ou villageoise, de l'éducation et de l'âge. Tous les modèles coexistent donc.

Certaines spécificités chinoises sont cependant à relever :

- Le phénomène des naissances de garçons en surnombre par rapport aux filles (117 pour 100), qui s'explique par la politique de l'enfant unique, et notamment l'autorisation faite au couple d'avoir un second enfant si le premier est une fille (et très exceptionnellement, et dans des cas criminels, par la disparition du premier enfant de sexe féminin). A la campagne, il est difficile pour un jeune homme de trouver une épouse sur son lieu d'origine, d'autant plus que les filles les plus avancées et les plus instruites sont les premières à partir tenter leur chance dans les villes. Ainsi, dans les usines du sud de la Chine, très fortement exportatrices – l'Atelier du Monde – le personnel est-il majoritairement féminin.

- Inversement, citons le rôle prééminent des femmes qui restent à la campagne, devant parfois assumer seules et de façon héroïque l'ensemble des tâches (extérieures et intérieures) afin de compenser l'absence des hommes partis travailler dans les villes comme « min gong » (immigré de l'intérieur, agriculteur d'origine et employé comme main d'œuvre sur les chantiers de construction des grandes villes).
- Les jeunes urbaines de la classe moyenne et plutôt aisée, qui se montrent tout aussi libérées et font les mêmes rêves d'Amour que les occidentales, suivent les mêmes phénomènes de mode, se passionnent pour presque les mêmes stars et séries télévisées (celle de Corée et de Taiwan en plus), aiment le shopping et la coquetterie, connaissent les mêmes hésitations concernant leur futur (libération ou vie familiale, sexualité libre ou recherche du grand amour, pleine réussite professionnelle ou recherche d'un riche mari), … sont elles aussi des utilisatrices compulsives de l'Internet … bref, finalement peu différentes des jeunes occidentales. Ceci est moins vrai pour les jeunes gens, qui restent souvent plus « traditionnels » et donc plus « chinois » ….
- Il existe aussi un petit nombre de femme appelées « San Gao » ou 3 H : *« Haute éducation, Haut salaire and Haut QI »*, qui ne veulent pas renoncer à leur travail, trouvent difficilement un mari et préfèrent souvent rester célibataires. Elles résident dans des grandes villes comme Shanghai ou Pékin. Cette « libération » s'accompagne d'une consommation personnelle bien plus élevée que la moyenne, tout en économisant 40% de leur salaire. Elles voyagent souvent, prennent des loisirs, et consomment volontiers des produits de luxe, au point que des marques ont créé pour elles des «Shemarket», des hôtels de luxe spécifiques, des cartes bancaires féminines, des téléphones portables colorés etc.

La prostitution féminine est en recrudescence en Chine, après les années noires et puristes de la Révolution Culturelle, où celle-ci était bien existante, très fortement réprimée et donc cachée.

Citons le phénomène pas si marginal d'entretien plus ou moins ouvert de concubines (ou maitresses), par les hommes riches ou puissants. C'est ce que l'on appelle les «Xiao Laopo» : « *petite épouse* », ou plus souvent encore aujourd'hui les «Er Nai» : « *seconde poitrine* ». Il a un impact non négligeable sur l'économie chinoise, et notamment sur le marché du luxe : résidence secondaire et produits de luxe offerts en cadeaux. Certaines marques de voiture de luxe sont appelées en Chine les « Ernai Che » soit, « *voitures des concubines* ». Ce phénomène est, en Chine, comme toutes les déviations sociales, à la fois réprimé (c'est une des accusations classiques à l'encontre des grands personnages du Parti ou de la vie civile arrêtés pour corruption par exemple), réprouvé par la morale, mais aussi admis dans les faits (Karaokés, Clubs privés, Salons de massage, .. foisonnent dans toutes les villes chinoises), expliqué par le recours à la tradition chinoise (la Chine fut une société officiellement polygame jusqu'à la Révolution), ou justifié (la vie des puissants est si difficile et ils sont soumis à tant de pressions… !).

5.4.2 Le mariage

En rêves, les jeunes files modernes aspirent à autre chose que d'être seulement l'épouse de leur mari, et le mariage n'a plus une valeur aussi sacrée que dans la société traditionnelle. On « joue » de plus en plus à construire une autre vie avant et en dehors du mariage (et cela est nouveau et urbain) ; on recherche une existence où la sexualité est liée au plaisir et à la découverte de l'autre, où les relations sont égales, où la vie professionnelle des deux présente le même intérêt, où les enfants rêvés seront aimés, choyés et éduqués par les seuls parents (sans la famille), dans une harmonie complète.

Dans les villes en particulier, la femme chinoise aspire fortement à sa libération, et ce mouvement imprègne les jeunes en profondeur. La société accepte et encourage ces évolutions car elles permettent l'épanouissement créatif des personnes, le dynamisme social et l'innovation, la propulsion positive vers le futur et sa transformation progressive, analysés comme inévitable et nécessaire. Mais elle le contrôle également : le pouvoir tente d'éviter des expressions trop radicales, trop novatrices ou trop occidentalisées, et l'ensemble du corps social, plus insidieusement, sait, le moment venu, exercer une pression très forte pour rappeler aux jeunes les « vraies valeurs » confucéennes.

C'est le processus habituel en Chine : permettre toutes les expressions, et en même temps les contrôler, les canaliser et, le cas échéant, les réprimer par un système (mental et social) contraignant et incontournable.

L'importance du mariage, comme « plus grand événement de la vie », reste très forte dans la société chinoise même moderne. L'évènement est fêté de façon dispendieuse, et demande aux parents des mariés de grands sacrifices, auxquels il faut se préparer très jeune.

Plus encore, la naissance du premier enfant est dans la plupart des cas le moment où la pression de la norme sociale se rappelle. Elle est souvent personnifiée par la belle-famille ou par les tantes, qui veillent au respect des traditions, et remettent les jeunes tourtereaux à leur place : responsabilités extérieures pour l'homme et Mandat accordé à la femme pour gérer l'intérieur (le Houyuan).

Il est très rare et très difficile d'échapper à cela (dans toutes les classes sociales), autrement que par le célibat, toujours marginal, moqué par la population, et condamnant la femme à ne pas avoir d'enfants (en dehors du mariage, ne serait-ce que pour des raisons administratives, leur vie deviendrait infernale).

Le nouveau et l'ancien cohabitent en Chine, et la famille ne peut échapper aux règles sociales. La jeunesse reste souvent le seul moment de l'existence où l'on peut vivre une vie moderne et libérée. Les femmes chinoises qui ont 40 ou 50 ans se considèrent déjà comme des ''vieilles''.

Le mariage signe en général une fin définitive, résignée, et le retour presque obligatoire à la tradition. A noter que la date du mariage reste tardive en Chine (entre 26 et 30 ans pour les femmes), précisément pour cette raison, et pour d'autres, notamment la volonté du gouvernement de limiter les naissances. Inventer dans le mariage de nouveaux comportements, échapper aux traditions sociales est vraiment très difficile en Chine et, comme nous l'avons vu maintes fois, quand la pression est trop forte, on se soumet.

La révolte n'est possible et légitime que si le conjoint ne remplit pas ses tâches de « leader », s'il perd son mandat : s'il ne gagne pas d'argent, se montre autoritaire sans esprit de responsabilité, se désintéresse de la famille, ne sait pas prendre de décisions et n'est pas un modèle pour ses enfants ... Alors, le divorce est légitime, et il est permis en Chine. Les Chinoises sont de plus en plus nombreux d'ailleurs à y recourir (cinq fois plus qu'il y a trente ans).

Aujourd'hui les femmes se taisent de moins en moins, certaines dénoncent les frasques de leur mari sur Internet ou les plateaux de télévision, et même en direct, prenant au dépourvu les organisateurs d'émission TV ! Il existe des émissions sur ce thème dont le public raffole.

5.4.3 La naissance de l'enfant

L'arrivée de l'enfant est un moment-clef, dans la vie familiale, et la vie de la femme chinoise bascule alors fortement dans le modèle traditionnel. C'est le moment où se met en place une prise en charge extrêmement autoritaire de la jeune maman, par la pratique de l'isolement des 30 jours qui suivent la délivrance, justifiée par la santé de la jeune accouchée, et probablement liée à des précautions hygiéniques datant de l'ancienne Chine.

Mais il s'agit aussi et surtout d'assurer la présence quotidienne de la jeune mère vis-à-vis de l'enfant. Pour ce faire, elle est entourée d'autres femmes, notamment la mère ou la belle-mère, et souvent d'une Ayi – domestique. Formée spécifiquement à ce « métier », elle est employée pour l'occasion, et passe de maison en maison pour garder à la fois l'enfant et la mère.

Ce monde essentiellement féminin peut se montrer particulièrement tyrannique pendant cette période, et refusera toute innovation dans la façon d'élever l'enfant. Cette présence également rassurante pour la jeune mère, est justifiée par l'importance de l'expérience face au bouleversement profond (dans le corps et dans l'esprit) que produit une première naissance. La vraie raison sociale de la continuation de cette pratique d'un autre âge réside dans le passage symbolique entre l'extérieur, alors exclu pour la femme, et le monde interne dans lequel elle se doit de rentrer, et qu'elle devra ensuite gérer seule.

5.4.4 L'éducation des enfants

L'enfant en Chine est une personne sacrée, choyée et adorée, même si les manifestations de tendresse à son égard sont plus réservées que chez nous.

La mère est chargée de la responsabilité éducative sous l'autorité (bienveillante, autoritaire ou laxiste) du père de famille. Si les pères s'occupent en Chine assez fréquemment, et un peu plus qu'en Occident, des tâches ménagères et des enfants, la mère conserve toutefois le rôle principal. Les quelques couples qui ont fait le choix contraire sont moqués par la société qui caractérise alors l'homme comme la véritable femme de la famille ! L'enfant unique et l'absence de frères, sœurs ou cousins directs, renforce encore cette adoration de l'enfant en Chine, et fait souvent de celui-ci *« un Petit Prince »* auquel tout serait permis. On a beaucoup épilogué sur ce que deviendront ces jeunes, et sur le danger de voir apparaitre un individualisme forcené et une absence totale du sens du partage.

On peut aussi argumenter inversement sur le fait que les enfants uniques peuvent vouloir se montrer plus généreux et moins égoïstes. N'ayant jamais eu la chance de partager quoi que ce soit avec un frère ou avec une sœur durant leur enfance (spirituellement et matériellement), il émergerait alors un désir très fort de chercher dans l'autre, dans l'ami, le soin de combler les manques constitués. Dès le plus jeune âge, la réelle passion pour la communication Internet chez les jeunes en Chine peut témoigner de cette volonté de découvrir l'échange, et d'enfin pouvoir partager (des idées mais aussi des activités), sous forme de communautés soudées, avec des amis remplaçant ainsi les frères et les sœurs absents.

Le mode de prise en charge des enfants, et les aspirations des parents, participent aussi très fortement à leur développement. Dès la naissance, ce sont généralement les grands-parents qui se chargent de l'éducation, avec le but, conscient ou non, de perpétuer les pratiques et les idées les plus traditionnelles (souvent contre le bon vouloir des mamans. Les conflits avec les belles-familles sont très nombreux et parfois violents, occasionnant dans le couple de nombreux problèmes).

La réussite scolaire de l'enfant est aussi une priorité située au-dessus de toutes les autres : Pour faire face à un univers concurrentiel impitoyable, il faut imposer très tôt au jeune une discipline drastique, et l'obliger à subir de très longues journées d'apprentissage à l'école, suivies de leçons particulières harassantes. Il faut essayer de le préparer très tôt à s'entraîner pour les concours. Il existe même pour les nourrissons des concours de marche à quatre pattes ! La mère est chargée d'organiser tout cela, sous l'œil attentif et parfois réprobateur du conjoint, qui en souhaite toujours plus. Elle a souvent le cœur serré, et assiste avec émotion, mais sans révolte, à cette pression parfois inhumaine qu'elle doit faire subir à son «garçon chéri », et, dans une moindre mesure, à sa fille.

5.4.5 L'indépendance du couple

Autre facteur de changement, après le mariage et la naissance du premier enfant, c'est le temps de changer de résidence, d'avoir son lieu à soi.

Il faut quitter la famille protectrice, trouver un appartement, le meubler, gérer une vie familiale à laquelle, en tant qu'enfant, on n'a que peu participé dans l'univers urbain classique (c'est le rôle de la mère de famille). Cette nouvelle responsabilité est écrasante. Elle se double de l'entrée, pour le couple, dans la vie professionnelle active qui demande aussi des sacrifices permanents, et impose des contraintes sociales de plus en plus lourdes à mesure que l'on gravit les échelons hiérarchiques.

On comprend que pour la femme, plus encore que pour l'homme, la situation soit réellement très lourde à gérer, et qu'elle doive faire preuve d'héroïsme pour « respecter son Mandat ». On passe irrémédiablement dans un monde social cruel où il faut lutter pour sa survie.

La pression sur l'homme est également très forte. Il faut savoir assumer son rôle de bout en bout, et la situation du mari est parfois tout aussi difficile que celle de son épouse. La pression extérieure (l'entreprise), doublée de celle du couple (représentée par l'épouse et la famille), sont très fortes. Pour lui aussi, se révolter ne sert à rien. Seul parfois le suicide (très fréquent en Chine) permet de remédier aux situations les plus extrêmes, notamment la *« perte de face »* : perdre son emploi, être quitté par sa femme, être déconsidéré par sa propre famille, ….

La situation inverse se produit aussi, quand une femme perd sa légitimité, et n'a pas « su » garder son homme près d'elle. C'est souvent ainsi que la société interprète la situation. Si la femme est quittée, sa vie devient alors extrêmement difficile (et dans les campagnes notamment), surtout si elle ne dispose pas d'atouts suffisants au départ (éducation, richesse personnelle, bon métier, ...) : manque d'argent, précarité extrême, journée interminable à assurer l'ensemble des fonctions de la famille, rejet social, ... Ceci conduit parfois également au suicide, comme seule échappatoire à une réalité insupportable. (Le taux de suicide des femmes en zones rurales est le plus élevé du monde).

5.4.6 L'assurance sur l'avenir

Ces points ont de grandes répercussions sur le mode de consommation.

Les jeunes nés après 1985, célibataires en général, forment le principal bataillon des consommateurs chinois pour des produits ou services, autres que ceux strictement nécessaires à assurer la vie familiale.

Après le mariage, le mode de consommation est marqué par un sens de l'économie, porté parfois à la caricature. Il s'agit là d'une valeur traditionnelle chinoise, et dépenser pour soi sans compter (c'est-à-dire sans un intérêt social) est considéré comme une folie, même si on en a les moyens.

De plus, il ne faut jamais oublier que la première des tâches d'un ménage est d'économiser. Le taux d'épargne des familles est proche de 50%, soit un des plus élevé du monde. On sait en Chine ce que le mot « éphémère » signifie, que toute situation même la meilleure a une fin, et qu'il faudra aussi pourvoir aux dépenses familiales futures inévitables, que l'Etat ne prend en charge que très imparfaitement : maladies, retraites, éducation et mariage des enfants.

5.5 La créativité - De maître à disciple

5.5.1 Le retard historique

Il ne fait aucun doute que la Chine est capable d'innover et de créer des concepts tout à fait originaux. Ce pays et ce peuple l'ont montré tout au cours de leur histoire.

On peut estimer schématiquement que le champ de la connaissance en Chine a durablement divergé de celui de l'Occident à partir de la Renaissance, qui a vu en Europe l'émergence de l'esprit et de la méthode scientifique, allié à un incroyable appétit de conquête sur la nature, sur l'espace géographique et sur les consciences. A cette époque, la Chine pensait avoir trouvé l'organisation optimale et se suffisait à elle-même depuis les Hans qui figèrent les normes, donc le « désir » pendant 2000 ans...

Cependant, cela n'a pas empêché la Chine de représenter, au tout début du XVIII° siècle, une puissance de tout premier ordre sur tous les plans : utilisation des techniques, organisation sociale, production de masse, échanges extérieurs, échange des idées, formation et éducation.

Nous avons vu comment, la guerre des Taiping a ruiné le pays sur le plan intérieur, la dynastie étrangère mandchoue s'étant alors repliée sur elle-même, incapable de faire évoluer le pays vers la modernité comme le fit le Japon avec l'ère Meiji.

De la guerre de l'opium aux traités inégaux, de la révolution nationaliste aux Seigneurs de la Guerre, de l'invasion japonaise à la révolution communiste, puis du Grand Bond en Avant aux errements de la Révolution Culturelle, nous pouvons dire que la Chine a connu une parenthèse tragique de son histoire qui a duré plus de 150 ans.

Le retard pris par la Chine actuelle est notable. Les élites furent décimées. La recherche scientifique, la création des techniques de pointe, la capacité d'innovation, les formes optimisées d'organisation sociale et de production, sont autant de pratiques dans lesquelles la Chine a accumulé un retard incroyable et difficile aujourd'hui à mesurer.

5.5.2 Les atouts

Pour rattraper ce retard, la Chine se doit de laisser s'exprimer les intelligences et de les libérer.

Pour ce faire, elle dispose d'atouts de taille :

La quantité peut remplacer la qualité, et ce processus est tout à fait réaliste dans beaucoup de domaines.

La copie peut remplacer la création ce qui est, à la fois un concept « très chinois » d'acquisition des connaissances par la répétition de l'exemple du maître, et en même temps très efficace quand cela est élevé au niveau d'un système et que l'on est, de plus, peu respectueux des concepts de propriété intellectuelle, l'un n'allant pas sans l'autre.

La Chine peut aussi compter sur les retours de ses élites formées à l'extérieur, et sur l'immense attrait que le pays présente pour les étrangers qui souhaitent y délocaliser, non seulement une partie de leur production mais aussi, de plus en plus, leur capacité de bureau d'études, voire de recherche scientifique.

Cependant, on voit aussi toutes les limites de ces méthodes de développement.

La Chine ne pourrait ainsi que copier l'Occident et, au mieux, diminuer l'écart avec elle, mais sans jamais le rattraper. Si nous associons ceci à un mode d'apprentissage souvent stérile, au peu d'appétence pour l'étranger, à une méconnaissance de celui-ci, à une volonté politique encore marquée de bannir l'esprit critique, de favoriser la répétition stérile de conceptions apprises par cœur au détriment même de leur compréhension et de tout esprit d'initiative, on peut avoir des doutes sérieux sur la capacité chinoise à un jour dépasser, ou même se positionner sur un pied d'égalité, avec les puissances intellectuelles occidentales en terme de recherche et de création.

Inventer quoi ?

Il nous faut cependant aller plus loin dans l'analyse :

La Chine n'aurait jamais pu inventer la mécanique classique (les lois, l'harmonie des sphères de Platon), ou la géométrie cartésienne (le point, la droite). Au contraire, la mécanique quantique (on modifie ce que l'on observe et notre regard fige des formes), la relativité générale (l'espace et le temps sont pliés par la matière et épousent leurs formes), le Théorème de Gödel, le Big Bang, sont en Chine des idées intuitives et naturelles.

Dès le début du 20ème siècle, notre science théorique rejoint en fait la pensée chinoise, et s'éloigne définitivement de ses rêves de pureté, hérités de la pensée transcendantale occidentale et platonicienne qui furent pourtant le moteur de notre domination actuelle.

Comment apprend-t-on les clés des caractères en Chine et en France ? Un exemple : la clé de l'eau ne représente pas le concept de l'eau en soi, comme on nous l'enseigne, mais correspond pour les Chinois au point commun observable pour tous les caractères ayant un rapport à l'eau. Pour désigner une table, on dit : « On voit le bois et quelque chose de plat ».

L'informatique et la Chine !
1 et 0, la répétition et le bond qualitatif par le quantitatif.

Ainsi avons-nous déjà vu que le caractère Xuexi – imiter et refaire, décrit la façon dont on apprend en Chine ! Le concept naît de la répétition et de la combinatoire. La Chine n'a pratiquement plus inventé de caractères depuis près de 2000 ans. On pioche dans un fond quasi infini de signes (50 000 pour le dictionnaire Kang Xi compilés durant la dynastie Qing). On les assemble par deux ou trois pour décrire un concept original et nouveau. Cette faculté combinatoire est développée à l'extrême dans l'enseignement du Chinois.

La reconnaissance d'associations libres, formatées par l'usage et puisées dans un fond qui ne peut être appréhendé dans sa globalité (aujourd'hui, un Chinois cultivé connaît au mieux un dixième des caractères existants) est la qualité essentielle exigée par l'apprentissage de la langue.

Ce sont aussi les qualités requises pour apprendre l'informatique : une démarche qui consisterait à vouloir « comprendre » de façon analytique les processus en jeu dans un ordinateur pour se servir d'un logiciel, serait bien entendu vouée à l'échec. Seule la méthode des essais et erreurs, la combinatoire entre les différentes options possibles et l'analogie avec des situations déjà vécues, permettent d'accéder à ce savoir. Il est notable que, dans la vie quotidienne, les Chinois, habitués par leur écriture à raisonner de façon analogue ont, face à un logiciel nouveau, un avantage certain sur les esprits occidentaux (au moins ceux de la génération des 50 ans et plus). Ces derniers rechercheront plutôt, comme première approche, à percer (sans succès) la logique à l'œuvre et à consulter un « mode d'emploi ».

La capacité des Chinois à faire du « data mining », c'est-à-dire à repérer immédiatement dans un fouillis de caractères apparaissant sur la page web d'un site chinois les informations qui lui seront utiles, est proprement extraordinaire. Le site web occidental est organisé par rubriques, classifiées dans un ordre logique correspondant peu ou prou à la façon dont notre cerveau recherche une information : elle sera dans telle ou telle catégorie, elle-même appartenant à telle ou telle rubrique, dans telle ou telle division ... C'est une approche conceptuelle par le haut, consistant d'abord à se poser la question de la nature de ce qui est recherché et de sa classification. Le site chinois, quant à lui aura tendance à tout mettre dans sa première page : au milieu de milliers d'informations, l'œil exercé et le cerveau assez plastique sont supposés identifier tout de suite la partie qui les intéresse et le caractère clé qui les mènera au bout de leurs recherches. L'analyse doit tenir compte du vrai atout dont dispose la Chine, qui est sa formidable plasticité, sa capacité à renverser très vite ses conceptions, à expérimenter en petites quantités et à prendre rapidement une expérience comme modèle pour la propager, puis l'imposer à tous.

La Chine a été capable d'un immobilisme total pendant des décennies. , Elle est tout aussi capable de vivre des périodes d'accélération de l'histoire et de son développement. C'est ce qui se passe aujourd'hui.

La Chine est tout à la fois immuable et changeante. Elle est capable d'alterner des phases d'accélération de son histoire ou de sa société avec de longs moments d'apparente inactivité.

Nous avons observé le rôle essentiel des deux dynasties les plus courtes de l'histoire de la Chine, les Qin et les Sui. En miroir, la Dynastie Qing qui fut la plus longue, fut caractérisée par son immobilisme et son incapacité à s'adapter et à suivre le formidable développement que connu l'Occident entre le 17ème et le 19ème siècle sur les plans sociétaux, des techniques et de l'organisation économique, militaire et politique.

Ainsi, l'observation de la Chine nous emmène-t-elle à revisiter une notion conceptuelle de base qui est « le Temps », et celle qui lui est étroitement associée : « le Mouvement », donc notre continuum Espace – Temps.

La notion de temps en Chine

Le temps en Chine n'est pas linéaire, il est détaché en cycles inégaux et imprévisibles (les dynasties), qui le laissent défiler à des allures différentes : il s'est passé autant de choses pendant la période du Big Bang à celle de l'Empereur Jaune (centaines de millions d'années), que pendant la dynastie des Qin qui a duré 11 ans, ou que dans celle des Qing de 260 ans. Aller vite ou aller lentement, dépend uniquement du contexte et de l'espace qui environnent le mouvement, et n'est pas donné en soi.

Il existe une mesure de temps cosmique avec les 5 éléments (terre, feu, eau, or et air) et les 12 rameaux terrestres, qui reprennent de façon symbolique la genèse, la maturation puis la fin de toute chose dans la nature. Ces éléments combinés donnent des cycles de 60 ans (une vie humaine), et on mesure le temps à partir de l'empereur régnant et de sa position dans le temps céleste. Il existe également les 12 signes astrologiques correspondant à des animaux combinés avec les 5 éléments, qui mesurent aussi les générations humaines.

La notion de progrès en Chine est donc très différente de chez nous. Le progrès correspond à un nouveau cycle après la fin du précédent, qui ira lui aussi à sa perte : « Un se sépare en deux, puis se réunifie sous une autre forme ».

La Chine picore, copie, analyse, digère, prend et laisse, absorbe, transforme, duplique et cela sans préjugé moral, sans axes formels prédéfinis, sans tabous, sans rien qui la retienne sur le plan des idées, si ce n'est l'efficacité de la démarche, ses propres contradictions internes et sociales ou des influences étrangères éventuelles à laquelle elle ne pourrait pas résister.

Le temps en Chine n'ayant pas la même valeur qu'en Occident, comment le projeter dans l'avenir ? Cette question est liée à la capacité d'innovation que la Chine sera capable ou pas de développer au cours des prochaines années.

Dans quelques années…

Ainsi, la Chine dans quelques années peut-elle surprendre par sa capacité créative et les innovations qu'elle pourra apporter au monde. Il n'est pas irraisonnable de penser que, même au-delà des techniques innovantes qui pourraient venir de Chine, ce soient des conceptions nouvelles de la façon même de créer qui émergent de cet immense empire.

On verrait alors la Chine non seulement rattraper son retard avec l'Occident, mais reprendre sa place de premier rang dans le processus créatif et innovant de l'humanité, et créer ses propres normes. Ce n'est pas une certitude. Les handicaps sont encore très lourds. Mais rien n'interdit de penser que la Chine pourra construire son propre modèle culturel, voire même qu'elle soit tentée de l'imposer au monde par son efficacité ou la force que le pays représentera alors dans le concert des nations.

5.6 La politique culturelle - « Stabilité et société harmonieuse »

Lettrés et intellectuels : La Chine privilégie traditionnellement le savoir et la connaissance. La culture chinoise est le seul mythe fondateur, même s'il n'en reste pas grand-chose, car elle est fondée essentiellement sur l'écriture qui vient du Ciel. (Wen=Veinures de l'arbre, puis caractères chinois, puis Culture).

La Chine se préoccupe fortement de sa politique culturelle et éducative, et ne la dissocie jamais de ses préoccupations intérieures comme extérieures. L'État en fait un axe essentiel de sa politique :

- Amélioration quantitative et qualitative du système d'enseignement : accès élargi à une éducation de base pour tous, renforcement de la politique d'excellence dans les universités afin de reconstituer les élites décimées par la Révolution Culturelle, politique favorable au retour en Chine des élites formées à l'étranger.
- Continuation d'une politique d'ouverture culturelle contrôlée et ciblée : poursuite du concept d'Années Culturelles, création mesurée de Centres Culturels et linguistiques étrangers en Chine, mise en place d'Instituts Confucius et de Centre Culturels chinois à l'étranger, échanges structurés de jeunes avec l'étranger.
- Participation accrue à la culture « mondialisée », et méfiance vis-à-vis de l'Occident : JO 2008, Exposition universelle de Shanghai 2010, apprentissage généralisé de la langue anglaise, développement d'une culture de la science et des technologies, passage à l'ère de la communication électronique, modes de vie plus « occidentalisés »...
- Mise en place d'une sorte d'Etat de Droit (règles fixes, mais sans nécessairement un système théorique de support : emprunt au droit latin et anglo-saxon) qui ne s'apparente en rien à la « démocratie occidentale », mais permettra de disposer d'un système de lois à peu près identique pour tous, prévisible et auquel tout le monde souscrit.
- Liberté d'expression contrôlée et limitée à certains milieux intellectuels et universitaires, mais réelle. Développement d'une libéralisation relative de la société touchant les couches les plus jeunes et lancement de grands débats de société. La ligne rouge à ne pas franchir étant toutes formes d'organisation de la société, ONG, fondations, sociétés caritatives ou religieuses… qui échapperaient à un rattachement étatique, même virtuel, dirigé par la Parti et pouvant servir de réceptacle à des influences idéologiques étrangères.

- Mise en place d'un esprit nationaliste scrupuleux avec une revalorisation de la culture traditionnelle chinoise, laissant cependant une certaine place au modernisme et aux expériences culturelles étrangères, que l'on pourrait intégrer et absorber dans un mythique creuset culturel chinois.
- Soutien aux concepts de diplomatie culturelle et de diversité culturelle dans les grands forums politiques internationaux, mais application locale très contestable : traitement des minorités.

La Chine, en matière de culture, maintient donc un cap pragmatique, continue de jouer sur les contradictions, et de piloter à vue, au cas par cas, et de façon assez imprévisible entre :

- libéralisme et autorité,
- développement de l'Etat de droit et arbitraire, corruption, réseau de relations,
- organe central de contrôle, (avant tout le Parti), et décentralisation, espace d'associations populaires,
- élitisme et culture de masse,
- tradition et modernisme,
- nationalisme et mondialisation….

La culture de masse est de qualité très moyenne, axée sur la famille, l'accès à une consommation limitée, les outils de communication Internet et la télévision. Une culture élitiste continue à toucher quelques minorités regroupées dans les grandes villes, avec la stabilisation d'un marché de l'art construit autour d'œuvres et de spectacles de plus en plus cotés à l'étranger.

Un nombre très important de salles d'expositions, de musées, de théâtres, d'opéras, de centres culturels… sont actuellement en projet ou en construction, qui s'ajouteront aux lieux culturels déjà achevés et opérationnels.

Ces lieux sont perçus comme symboles des attributs obligés d'une ville moderne, incluant les architectures les plus audacieuses, mais leur contenu artistique, leur programmation et la qualité technique du personnel restent encore bien loin des normes internationales.

Au niveau de la politique culturelle, un équilibre se maintient entre des tendances plus fermées, résistantes aux changements et fortement nationalistes, et des îlots de modernité, voire de contestation et de marginalité qui resteront sous contrôle.

Ces îlots sont plus ou moins tolérés par la société, surtout dans les grandes villes comme Shanghai, dans la mesure où ils permettent d'assurer la créativité artistique ou intellectuelle qui pourra être utilement récupérée par l'ensemble de la société.

5.7 Quelles évolutions pour la société chinoise ?

Voici la question centrale que tout analyste du monde chinois devrait se poser. La société chinoise est en mouvement et la jeunesse en est le moteur. Deux théories s'affrontent :

- La première consiste à penser que l'évolution de la société vers la consommation globalisée, la multiplicité des échanges avec l'étranger, le libéralisme économique et une certaine évolution démocratique du régime, entraîneront inévitablement la Chine vers une voie proche de celle des Occidentaux.
- La seconde reconnaît à la Chine une spécificité culturelle qui ferait que, quelles que soient les évolutions, ce pays présentera toujours une exception forte, et résistera à toutes les tentatives pour assimiler ses modes de vie à des modèles globalisés.

L'arbitre de ce débat sera la jeunesse chinoise, et l'analyse de celle-ci tend à montrer qu'il existe une voie intermédiaire (moyenne ou centrale, diraient les Chinois), qui synthétise et emprunte aux deux termes de la contradiction. Ce serait même précisément la caractéristique essentielle de la pensée chinoise.

5.7.1 Américanisation de la société

Ainsi, assistons-nous à l'américanisation de la société dans ses modes vestimentaires, dans la consommation des jeunes, dans l'urbanisme et dans l'habitat. Mais celle-ci reste encore superficielle, localisée aux grandes villes et réversible.

La Chine c'est également un milliard de personnes vivant à des années-lumière de ces modèles. Certes, le taux d'urbanisation en Chine est le plus important du monde, et l'on attend l'arrivée dans les villes de 200 millions de Chinois dans les dix ans qui viennent. Mais qu'en sera-t-il après ? Les villes seront-elles-même transformées par cette mutation ? Il faut aller visiter les nouvelles cités qui se créent dans les banlieues des grandes villes et entre celles-ci. Prévues pour accueillir plus d'un million d'habitants, elles sortent de terre en quelques années.

Comment vit-on dans ces ensembles ? Comment la jeunesse peut-elle s'y épanouir ? La vocation de ces ensembles est certes de reproduire la Ville Moderne dans toutes ses acceptions : centres commerciaux, salles de cinéma multiplex, restaurants, centres culturels, hôpitaux, écoles, universités,... mais cela n'a que la couleur de la ville américanisée et n'en a pas le contenu. Dans ces lieux pas d'étrangers ou presque, et même s'il y a des Mc Donald, des KFC ou autres Starbuck, ils ne représentent en rien une culture mais de la pure consommation sinisée.

On voit d'ailleurs souvent se recréer des regroupements régionaux, d'immigrés de l'intérieur, gardant leurs traditions et leur langue comme autant de villages dans les villes. Les chaines de télévision sont uniquement chinoises ; le nombre de films étrangers qui passent dans les salles de cinéma est limité à quelques grand succès hollywoodiens, et l'usage de l'anglais reste fort limité dans la population. Nous avons parlé de l'importance d'Internet, mais il faut souligner que l'offre en la matière est essentiellement chinoise, et que l'accessibilité au contenu des sites étrangers est contrôlée et limitée (ne serait-ce que par la langue).

La Chine voit donc la cohabitation de trois grands regroupements de population qui représentent autant de modes de vie distincts : quelques villes ouvertes et plus ou moins américanisées, des grandes cités (en fait, de grandes villes à notre échelle) assez fermées, et des campagnes vivant en dehors de tout modèle occidental.

Malgré de constants ajustements au niveau des populations, on ne peut entrevoir un futur où ces espaces pourraient s'homogénéiser.

5.7.2 La mobilité territoriale

Il s'agit l'un des grands phénomènes caractéristique du monde chinois actuel.

Ainsi 200 millions de paysans des campagnes travaillent-ils dans les usines des grandes villes ou sur les chantiers de construction ; les étudiants sont déplacés d'un lieu à l'autre en fonction de leurs résultats au baccalauréat ; l'entreprise ou l'administration peut muter tel ou tel employé en fonction de ses besoins, et celui-ci n'hésitera pas à l'accepter, quitte à séparer pendant de longues années les familles, et à laisser les enfants à la garde des grands-parents.

En définitive, ce mouvement permanent ne modifie pas en profondeur les esprits, et ne participe que peu à la création d'un standard unique, tant les disparités régionales restent fortes et les classes (sociales, culturelles, éducationnelles, d'âge, …) peu interpénétrées.

5.7.3 L'unification des valeurs

Existe-t-il un phénomène d'unification en termes de valeurs et d'aspirations, notamment dans la jeunesse chinoise ?

La Chine se passionne pour les débats de société. Chaque fait divers est le prétexte à de longs débats en petite compagnie ou sur la toile par le biais de milliers de mini-blogs (que l'Etat cherche d'ailleurs à réglementer). Des problématiques sociales et des questionnements sur les valeurs morales sont posés. Les autorités sont questionnées sur leurs réactions ou sur l'absence de celles-ci. La famille, la justice, la liberté, le respect de l'individu, l'égalité devant la loi et celle des chances, la corruption des puissants, l'autorité, … plus rien n'est tabou aujourd'hui !

En revanche, les réponses apportées et les points de vue sont étonnamment différents.

La Chine est un pays peuplé d'individualistes frondeurs, voire d'anarchistes invétérés, qui auraient profondément intégré dans leur conscience la responsabilité sociale, le poids des autres (et donc celui du Pouvoir) et le devoir imposé sur la restriction de l'expression de leur individualité. On réserve donc ses commentaires incongrus à l'anonymat des blogs (ils le sont encore, mais pour peu de temps), ou à un cercle restreint d'amis, et surtout quand l'alcool aide à libérer la parole.

Le taoïste poète, ermite, libéré des entraves du monde, côtoie chez le même individu le confucéen conservateur, normé par des règles strictes et soumis à des hiérarchies sociales formelles et ritualisées. Comment dès lors vouloir unifier au niveau de la masse ce qui ne l'est même pas au niveau de l'individu ?

La coopération entre Chinois est très difficile. Des auteurs ont caricaturé ce phénomène en définissant le Chinois comme l'être le plus talentueux de la planète quand il est seul, et le plus nul dès qu'il s'assemble avec un ou plusieurs de ses semblables. Et pourtant le contraire est aussi vrai !

Ce qui frappe en Chine, c'est cette force collective, et cette gestion tout à fait extraordinaire des flux de populations que nous ne pouvons pas connaître dans nos pays. On pourrait donc aller plus loin dans l'analyse, et proposer comme thèse que le Chinois est en général talentueux, que les petits groupes crées spontanément sur la base du volontariat sont souvent voués à l'échec et à la division, mais qu'une masse mobilisée de façon coercitive et ordonnée par un chef est imbattable.

L'analyse de l'évolution de la société chinoise serait donc plus à rechercher dans la direction que le politique lui imprimera que dans les aspirations individuelles de chacun. En Chine, tout est politique, tout est question de direction, de « sens » donné par le pouvoir : il s'agit tout aussi bien de la signification des choses et des événements que de la direction vers laquelle ils évoluent.

5.8 Les évolutions politiques et les forces sociales en présence

Peut-on alors tabler sur une évolution politique de ce grand pays qui entrainera l'ensemble de la société dans une direction donnée ? La réponse à cette question est indéniablement oui. Mais il reste à savoir dans quelle direction !

5.8.1 Les jeunes

Si l'on recherche les prémices de ces évolutions dans les aspirations de la jeunesse instruite, il y a tout lieu d'être optimiste.

Celle-ci est sans conteste éprise de démocratie, de liberté, d'échanges avec le monde. Elle recherche la justice et le retour à une certaine égalité sociale. Elle s'émeut des situations de misère, des scandales des puissants du moment et de la dureté des rapports sociaux.

Elle, est dans ce sens, relayée par une partie des anciens, les nostalgiques de la Révolution Culturelle, ou tout au moins des débuts de la Révolution chinoise.

Cette jeunesse instruite est aussi pragmatique, et apprend à composer avec le système. Elle cherche avant tout à retirer de sa situation de privilégiés des avantages pour elle et ses proches. Saura-telle et pourra-t-elle se « sacrifier » pour des idées ? Elle chercha à le faire en mai et juin 1989, lors du dernier Printemps de Beijing, mais elle a aussi compris, à l'épreuve des faits, que la démarche adoptée n'était pas forcément la bonne. La méthode proposée ne pouvait être acceptée par une grande partie de la population, traumatisée par les périodes de trouble du passé récent, et cette révolte est restée le fait de quelques privilégiés.

La menace que représentent aujourd'hui ces forces pour le pouvoir est dite : « Révolution des Couleurs ». Il s'agit d'une image empruntée à la Révolution Orange en Ukraine, qui a débuté précisément par les réseaux sociaux et dans les clubs ou associations plus ou moins culturelles ou écologiques influencées par l'étranger.

Il est assez clair que les révoltes arabes fournissent un autre exemple de déstabilisation d'un Etat fort, par, au départ, une petite minorité de sa population éduquée via l'Internet et les réseaux sociaux notamment. Le pouvoir chinois craint ces mouvements, tout en encourageant l'instruction et le départ pour des études à l'étranger, car il s'agit là du moteur du développement de la Chine de demain.

5.8.2 Les paysans

Il existe d'autres forces en Chine dont le poids se fait sentir au niveau politique :

Les paysans tout d'abord. Toutes les révoltes de masse qui eurent lieu dans le passé et la Révolution chinoise de 1949 en particulier, furent menées par les masses paysannes.

Quelles sont aujourd'hui leurs aspirations ? Comment pèseront-elles sur le devenir de la politique chinoise et dans quelle direction ?

Il faut noter que la plupart des révoltes que l'on observe en Chine aujourd'hui (il y en aurait des centaines par jour) sont le fait des paysans : dépossédés de leurs terres par des spéculateurs des villes et leurs alliés mandarins locaux ; affrontant des calamités naturelles (sécheresse, pollution des eaux, inondations, tremblements de terre, ...) sans grande aide de l'Etat ; faisant face à l'augmentation des prix des denrées de base et surtout celui du riz ; condamnés à s'expatrier dans les villes quand le travail existe, puis renvoyés plus ou moins brutalement dans leur village dès que la conjecture tourne ; ....

Le gouvernement chinois a bien analysé ce danger, et sait prendre des mesures pour le contenir, à défaut de pouvoir régler les problèmes (comment le faire d'ailleurs s'agissant de plus de 800 millions de personnes !). La répression contre la secte Fa Lun Gong témoigne d'une crainte de la propagation au sein des masses paysannes d'une pensée simple, mobilisatrice, et à forte teneur traditionnelle, religieuse et mystique. L'exemple de la Révolte des Taiping est encore dans tous les esprits.

5.8.3 L'armée

Les forces armées représentent un autre pouvoir. Très nombreuses, respectées par la population, aujourd'hui mêlées aux affaires et pouvant jouer sur le nationalisme chinois, elles représentent une influence sur les décisions politiques qu'il est impossible de sous-estimer. C'est l'armée (les bataillons du Nord) qui a pu reprendre la situation en main en juin 1989. Elle revendique de plus en plus de moyens modernes, et la part de budget qui lui est consacrée est croissante. C'est aussi l'armée que l'on envoie en première ligne dès qu'une catastrophe nationale se produit (comme lors du tremblement de terre du Sichuan) ou menace la population (constructions de digues, dépollution de cours d'eau, grand travaux dans l'urgence, …).

Comment l'armée va-t-elle évoluer ? Restera-t-elle toujours dans son rôle d'arbitre soumise au pouvoir politique ? Acceptera-elle toutes les évolutions décidées plus ou moins démocratiquement par la population ? Il s'agit là d'une grande inconnue, et le Pouvoir en place en est conscient.

Son rôle dans les confins de la Chine, au Tibet ou au Xinjiang (région peuplée de musulmans) est majeur, et elle penchera indéniablement pour de solutions radicales contre toute tentative d'autonomie trop poussée. Les militaires sont le garant de l'Unité de la Chine, et ce terme revêt pour toute la population un caractère presque mystique : quand la Chine est unie, le gouvernement est légitime ; quand les signes de séparation se manifestent, la fin est proche. Face à des poussées séparatistes (n'oublions jamais que le grand Tibet et le Xin Jiang réunis forment plus de la moitié du territoire chinois), il est du devoir de chacun de faire front, car ce n'est pas le sort de ces populations lointaines et de ces minorités nationales qui est en jeu, mais le devenir de tous les Chinois, où qu'ils se trouvent.

Ce point réalise une quasi-unanimité au sein de la majorité Han, quel que soit son niveau d'éducation, sa position sociale ou son mode de vie. La question politique non réglée de Taiwan est aussi et avant tout de sa juridiction, et les mouvements plus ou moins martiaux sur les îles de la mer de Chine ou entre le Japon et Taiwan, sont là pour rappeler que l'ordre militaire est à tout moment mobilisable aux frontières, dans les territoires les plus excentrés, mais pourquoi pas aussi partout en Chine.

5.8.4 Les riches

Les riches, les forces économiques et l'élite des milliardaires et des puissants représentent également une force considérable en Chine.

Cette nouvelle classe sociale a ses descendants, les *« Petits Princes »* comme on les appelle, qui ont leurs codes propres, leur mode de vie et leurs aspirations. Habituée à circuler dans le monde entier, manipulant le nerf de la guerre qui est l'argent, elle sait aussi se défendre par des réseaux et des lobbies imbriqués jusqu'au plus haut niveau de l'Etat. La corruption est un de ses moyens d'action, mais la philanthropie aussi ! Elle aime se montrer nationaliste, généreuse, disciplinée et respectueuse du pouvoir, idéologiquement confucéenne avec une image parfois religieuse bouddhique ou chrétienne, ouverte d'esprit, mécène des artistes, compatissante devant les misères de ces concitoyens, ...

Elle ne cédera pas facilement son pouvoir et défendra ses avantages acquis, mais à la chinoise, c'est-à-dire de façon souple et par la manipulation et l'infiltration du pouvoir central et local, plutôt que par un affrontement global avec les couches populaires. La lutte des classes violente n'est pas à l'ordre du jour aujourd'hui, et les souvenirs de la Révolution Culturelle encore trop présents dans l'esprit de tous.

En effet, aujourd'hui représentée jusqu'au sein du Parti Communiste (ce qui semble un comble chez nous), cette classe sert le pouvoir, assure le développement de la Chine, mais inquiète aussi.

Les inégalités sont trop importantes en Chine et deviennent socialement insupportables. En conséquence, la catégorie des riches est aussi la plus réprimée : sous couvert de lutte contre la corruption et pour des raisons qui échappent souvent à notre compréhension, les riches font l'objet, au premier faux pas rendu public, de représailles très sévères, et cela pour l'exemple.

Les industriels accusés de tricheries sur les produits (affaire du lait contaminé), les ministres (celui des chemins de fer, ...), les maires des plus grandes villes (Shanghai, ..), les chefs d'entreprises les plus riches (le patron de Guomei), ... tous, sont susceptibles un jour ou l'autre de subir les foudres de la loi jusqu'à leur exécution. Ceci se passe dès que le Pouvoir estime, dans ses arbitrages mystérieux, que le rôle social de l'un d'entre eux est globalement négatif, et qu'il gêne plus le régime qu'il ne le sert.

5.8.5 La classe moyenne

Il reste enfin la classe moyenne chinoise, celle qui travaille très dur, subit la hausse des prix, mène un mode de vie traditionnel en famille avec un seul enfant...

Elle est à la fois jalouse des riches, et tellement fière d'avoir pu sortir de la misère !

Optimiste par nécessité et par la force des réalités, elle sait qu'elle vit bien mieux que la génération précédente, et porte l'essentiel de ses espoirs sur l'enfant qui devra, lui-aussi, dépasser le niveau social atteint par ses parents.

Économe et frugale, cette population prépare sa retraite, et s'apprête à faire face à la maladie des vieux jours. L'éducation des enfants représente le premier de ses postes de dépenses, et la presque totalité des discussions dans le couple.

Silencieuse, cette classe sociale va parfois côtoyer celle des plus riches, en se payant de temps en temps quelques extras, comme un voyage à l'étranger (mais en groupe, sur des packages attractifs et dans des conditions plus que modestes), ou un repas dans un bon restaurant.

Elle aspire avant tout à l'ordre, à la stabilité, à l'harmonie. Elle redoute tout changement brutal, et reste « moyenne » dans tous les sens du terme.

Cette classe est de plus en plus nombreuse et urbaine. Elle compterait entre 200 et 300 millions de personnes. Politiquement, elle représente pour le Pouvoir une assurance contre une remise en cause trop brutale de son autorité... Pourquoi vouloir changer une équipe qui nous a fait progresser, et dont le maintien est synonyme de stabilité ?

5.9 Le devenir de la Chine

Nous avons ainsi brièvement analysé les forces sociales en présence et leurs aspirations politiques, les menaces auxquelles le Pouvoir est confronté, et les atouts qui restent dans son jeu.

Afin de faire face à cette complexité et à ce manque d'unification de la société chinoise (au regard de celle-ci la nôtre est étonnamment lisse), le Pouvoir préserve en son sein des représentants de toutes ces catégories. Au bureau Politique du PCC, et au niveau du conseil d'Etat, chacune de ces composantes possède son ou ses représentants permanents.

C'est d'ailleurs là qu'il faut voir l'explication de l'entrée des capitalistes au sein du Parti voulue par Jiang Ze Min *(les Quatre Représentativités).* Arbitrer entre chacun de ces intérêts, exercer au jour le jour du micro management et de l'adaptation fine, aller dans un sens puis dans l'autre avec prudence, avancer et reculer en permanence, réprimer fortement ce qui peut être estimé comme une déviance menaçante dès qu'elle s'organise au sein d'une de ces classes sociales, encourager tout ce qui va dans le sens du progrès et qui n'est pas source de conflits, voilà le fonctionnement quotidien du Parti Communiste Chinois.

Les équipes qui suivront auront-elles toujours la même « sagesse » et, pour reprendre un terme chinois, garderont-elles encore longtemps la même légitimité (ou le même mandat) ?

Il est pour tout esprit chinois certain que non, sur le long terme, car tout ordre est destiné à être remis en cause, toute unité à se disloquer.

Mais dans combien de temps ces changements interviendront-ils ? Nul ne peut l'affirmer, et nous n'avancerons aucune hypothèse en la matière !

CHAPITRE 6

LES CONVERGENCES SOCIETALES ENTRE CHINE ET OCCIDENT

Nous avons abordé les spécificités propres à la Chine dans ses modes de pensées, sa culture, ses traditions et son mode opératoire. Nous les avons souvent opposées à nos propres conceptions occidentales.

Il s'agit là d'une méthode d'analyse utile, car elle nous apporte des clefs pour expliquer des comportements a priori non logiques ou non attendus :

- un éclairage sur les raisons des succès et des échecs ;
- une possibilité de réflexion sur nos propres pratiques.

Il s'agit de remettre en cause l'universalité de nos savoirs, de bouleverser nos certitudes sur ce qu'est l'efficacité, et donc d'« *apprendre de la Chine* », pour un jour intégrer dans nos concepts des facteurs nouveaux et applicables à notre propre environnement.

Cette démarche elle-même ne peut cependant échapper au « passage par la Chine », et se doit d'être remise en cause par les conclusions même de son objet d'étude. Pourquoi chercher à séparer, à opposer et à catégoriser de façon définitive ? Pourquoi toujours rechercher la différence et oublier l'unité ? Pourquoi s'attarder à mettre en évidence les dissemblances plutôt que d'analyser les rapprochements ?

Chine et Occident forment un couple dont les relations sont unies par leurs similitudes comme par leurs différences. Les tableaux que l'on dépeint sont aussi dynamiques et jamais statiques. Le temps joue un rôle fondamental pour, à un moment donné, laisser apparaître des aspects plutôt unitaires ou plutôt contradictoires.

Nous devrions donc réécrire l'ensemble de cette communication à la lumière de cette idée directrice : En quoi la Chine est-elle proche de nous ? En quoi ses concepts propres sont-ils assimilables aux nôtres ? En quoi les évolutions prévisibles, dont les prémices sont déjà perceptibles, nous rapprochent-elles ou nous éloignent-elles les uns des autres ?

Il y a deux bonnes raisons pour s'exercer à cette recherche : la première est la jeunesse chinoise (les prémices des changements), et la seconde est le fait de regarder la Chine avec le regard particulier d'un français, et par le biais d'une culture française elle-même différenciée de ce que l'on appelle par commodité la « civilisation occidentale », vue comme une unité.

Il faudrait identifier parmi les valeurs véhiculées par nos deux civilisations, les points qui se trouvent en résonnance dans nos deux univers. Nous pourrions parler ainsi de tous les sujets, mais le cadre de cet exposé ne le permet pas : les sciences (mécanistes et relativistes), la morale, l'art, la vie sociale, ….

Nous aborderons seulement pour illustrer notre propos le rapport à l'histoire puis, la relation particulière qui s'est nouée entre la France et la Chine, et qui tourne précisément autour de la notion même de valeurs civilisatrices.

Enfin, nous examinerons comment les jeunesses de nos deux pays tendent à rapprocher non seulement leurs modes de vie, mais aussi leurs visions et leurs aspirations.

6.1 Les convergences dans l'histoire

Le fond culturel primitif est en Chine sa propre civilisation, comme pour nous la civilisation gréco-romaine, étendue à l'Egypte et à la Mésopotamie.

L'espace géographique couvert est semblable en superficie, les époques historiques sont les mêmes, l'aspect mythologique est commun. On forge des histoires, des personnages, des mythes … On écrit des odes ou poèmes épiques, où l'on apprend comment l'homme petit à petit sort de la Préhistoire et aborde les grands problèmes philosophiques et moraux. Comment l'homme, peu à peu, expérimente des formes de gouvernance basées sur l'autocratie et la féodalité, mais aussi des aspects plus souples où le peuple commence à gagner sa place. Comment par d'incessants conflits territoriaux, les plus forts ou les plus astucieux, les plus généreux ou les plus immoraux, arrivent à s'imposer et à dominer des territoires entiers.

Comment ne pas être frappé par les similitudes entre ce que l'on sait de la civilisation égyptienne et de l'antiquité chinoise ? Par la coïncidence de la naissance de l'écriture ? Les ressemblances entre religions polythéistes et païennes dans leur attitude face à la mort (culte du soleil, du sol, des éléments naturels et des esprits) ? L'Iliade ou L'Odyssée, les tragédies grecques ou celle du Shuji (Livre de l'Histoire) et du Shijing (Livre des Odes), composés à peu près à la même époque, frappent par leur ressemblance, et on en garde cette merveilleuse impression des « origines », période brutale où tout se crée, et où le chaos s'organise.

Ces remarques n'enlèvent rien aux différences analysées plus haut, et que l'on voit déjà poindre entre les deux civilisations (ou tout au moins comment les hommes futurs les ont analysées) : immanence contre contingence, marche vers un progrès linéaire contre développement cyclique, ...

Après cette exploration chaotique qui caractérise la sortie de la Préhistoire et des civilisations antiques (que l'on peut aussi caractériser économiquement par une civilisation agraire et fortement sédentarisée), on voit apparaître en Chine (aux frontières encore floues), comme en Europe (élargie aux territoires conquis), et pratiquement à la même époque (du 6ème siècle au 2ème siècle avant notre ère), les grands penseurs philosophiques. Ces écoles de pensées vont totalement imprégner les réflexions et codifier (geler) les concepts pendant plus de deux mille ans.

Cette coïncidence temporelle (en est-elle une ?) est absolument extraordinaire, mais la similitude des champs explorés l'est tout autant. On voit se forger des deux côtés les mêmes écoles matérialistes, idéalistes, spirituelles ou mystiques ; les mêmes réflexions politiques sur l'organisation de la société, libérale ou régulée, très hiérarchisée et autoritaire ou plus démocratique et libre. Cela est aussi vrai pour l'économie, les arts, les sciences, l'art de la guerre, ... Entre ces écoles de pensées européennes et chinoises, les différences sur les présupposés de base sont assez évidentes : Elles existaient, on l'a vu, dans leurs origines même, mais ce sont aussi les points de convergence entre elles qui doivent nous interroger, car elles forment les bases d'un rapprochement futur entre les deux civilisations.

Nous assistons ensuite, une fois de plus à la même époque historique (durant les deux premiers siècles de notre ère), à une glaciation de la pensée philosophique qui durera jusqu'à l'ère moderne. D'une part, en Occident, le Christianisme qui prolonge, et en quelque sorte rationnalise, les religions monothéistes et, en Chine, le Confucianisme qui va devenir le mode dominant dans lequel la société s'organise. Les autres écoles n'ont pas disparu pour autant, et leurs influences se font toujours sentir (certaines se sont aussi créées). Nous assistons donc à une domination intransigeante de ces deux visions sur ces deux espaces, se définissant à la fois comme nécessaires mais aussi suffisantes.

Structurées sur deux bases différentes, les deux civilisations vont alors évoluer : l'Occidentale de façon linéaire vers le progrès (la Féodalité, la Renaissance, les Lumières, la Révolution Industrielle, les Luttes sociales, puis l'établissement d'un capitalisme plus ou moins contrôlé par les états), et la Chinoise de façon cyclique vers plus de complexité (les Dynasties, la République, la Révolution culturelle, l'ère des réformes économiques et le « Socialisme de Marché »).

Dans ces deux évolutions, les découvertes scientifiques et techniques joueront un rôle fondamental, mais exploitées de façon différente, très rapidement en Occident, plus lentement en Chine. Des retards et des gaps apparaissent à partir du 19ème, comme nous l'avons déjà analysé, et nous assistons aujourd'hui à un rattrapage accéléré en Chine, qui ne cesse de combler, dans tous les domaines, le relatif retard pris sur l'Occident.

Le sens de l'Histoire

Ce qui est commun entre l'Europe (et plus précisément la France) et la Chine, c'est le poids actuel que cette Histoire représente dans le système éducatif et dans les mécanismes de transmission des savoirs.

La transmission, le sens de l'histoire et l'éducation, sont pour les Chinois comme pour les européens (plus que pour les américains) des valeurs fondamentales différenciant la civilisation de la barbarie et l'homme de bien du vulgaire. L'origine est recherchée des deux côtés comme la racine de toute pensée. La modernité est vue des deux côtés comme une adaptation permanente et malheureusement nécessaire d'un fond ancien et intouchable à une réalité changeante, mais superficielle. Le besoin de se raccrocher à ce passé est un rappel civilisateur face à une vie moderne jugée trop matérialiste et aux évolutions trop rapides.

6.2 Les convergences franco-chinoises

Quand les Chinois rencontrent des français, ils font immédiatement allusion à deux pays possédant une longue histoire. Il s'agit plutôt de la même importance que chacun attache à cette notion, et des références constantes actuelles à celle-ci dans les deux pays. Tous les pays n'ont-ils pas une longue histoire, même si elle n'est pas proprement la leur en termes géographiques (ce qui est aussi le cas de la France vis-à-vis de la civilisation gréco-romaine) ?

Les Chinois, face à des français, parlent immédiatement du romantisme supposé de notre peuple, comme un facteur d'attractivité.

Les français sont-ils « romantiques » ?

L'acception de ce terme chez les Chinois recouvre notre attachement à l'histoire et aux traditions qui en découlent, comme le concept de liberté, l'esthétisme, le raffinement, l'élégance, l'art de vivre, le goût (la gastronomie, le vin, ...).

Il est très difficile pour un français de répondre correctement à un Chinois (le chauffeur de votre taxi par exemple) qui le caractérise d'emblée comme « romantique », ce terme recouvrant pour nous une acception plus large : (primauté de l'affectif et de la subjectivité par exemple).

De plus, cet attribut ne nous caractérise pas de façon exclusive : il est pour le moins aussi pertinent pour qualifier notre voisin allemand, qui a porté le romantisme à des sommets inégalés en musique ou en littérature notamment.

Enfin, si « romantisme » il y a en France, nous pouvons dire que nous partageons cette caractéristique avec la Chine. Le qualificatif de « romantique » n'est-il pas aussi totalement adapté à un roman chinois comme le Rêve du Pavillon Rouge ? Comment ne pas faire référence à ce même concept en lisant la poésie Tang ou les digressions sur le Jardins des Pêchers, univers imaginaire de beauté et de pureté où les ermites taoïstes, fuyant une société matérialiste honnie, vont pouvoir se réfugier en imagination ?

Acceptons donc cette ambiguïté sémantique qui, pour une fois, associe un caractère positif à notre image nationale et, pour les affaires ... Sachons- en profiter !

Les déceptions politiques ont suivi les années de grande « intimité » supposée avec De Gaulle et J.Chirac. La France est souvent perçue par les Chinois comme affaiblie sur le plan intérieur (crise financière) et, à l'international, comme arrogante et agressive. Ceci écorne quelque peu cette vision idéalisée, mais elle reste néanmoins encore très forte.

Inversement, les européens gardent volontiers l'image d'une Chine à la civilisation très ancienne, mystérieuse *(« c'est du Chinois ! »,* son écriture, ses sociétés secrètes, ...) et raffinée, basée sur la culture de la soie, la production de la porcelaine (le « china ») et le thé (cérémonie). L'apparition récente et assez brutale de la Chine comme relative superpuissance politique autoritaire, comme « atelier du monde » menaçant l'emploi par les délocalisations, et encore plus récemment comme géant financier, modifie quelque peu cette image traditionnelle pour laisser place à un certain flou renforcé par la question tibétaine.

Des deux côtés, on assiste ainsi à une sorte de fascination et d'attraction, dont les bases reposent essentiellement sur le rapport à l'histoire et aux traditions. De même, des deux côtés, on s'interroge sur la place actuelle réservée à ces valeurs dans ces deux pays. Le parallélisme est assez frappant.

On perçoit à quel point nous sommes proches par le fait que ces interrogations n'ont cours en Chine, pratiquement que pour la France (en dehors des pays d'Asie bien-sûr). Peu d'interrogations culturelles sur les USA (considéré comme un pays sans culture et sans histoire, donc le problème est réglé !), ou sur le reste du monde de façon caricaturale : l'Allemagne efficace et produisant de la qualité, l'Italie belle mais pas très sérieuse, l'Afrique terre de ressources naturelles uniquement, la Russie puissance déchue et n'ayant pas su politiquement organiser la transition post-communiste, le reste du monde étant largement inconnu. La passion et l'irrationalité des débats que soulèvent les relations franco-chinoises sont partagées par les deux camps.

La Chine et la France entretiennent donc un dialogue virtuel et profondément culturel, assez étrange, basé sur une fascination réciproque pour le même double objet : le Passé et la Culture.

Ce dialogue a du mal à survivre aux réalités politiques, économiques ou géostratégiques. La Chine ne peut cantonner son horizon à la France : sa dimension humaine et territoriale est l'Europe ou les USA, et son terrain d'exercice est le Monde. La France, de son côté, se pose la question de sa place réelle dans la mondialisation, dans l'Europe, et de sa capacité à garder son âme dans cet ensemble aux frontières encore mal définies (géographiquement, mais encore plus culturellement).

Les échanges culturels et de civilisation entre les deux pays sont manifestes.

D'un côté, pour les Chinois, nous voyons l'attrait du luxe français (nous reviendrons sur ce point) ; le nombre de touristes chinois visitant Paris ; la langue française enseignée en Chine comme un art de perfectionnement individuel et une recherche de l'élégance et du raffinement ; la notion, nouvelle en Chine, de liberté individuelle et de vie privée, vue comme un concept typiquement français (argument publicitaire des promoteurs immobiliers) ; l'attrait nouveau pour le vin et surtout une réelle curiosité pour la culture que ce produit véhicule (serait-ce comme le thé en Chine ou l'alcool blanc Maotai, dont la multitude de variétés pouvant atteindre les 75° accompagne systématiquement les grands banquets chinois, au grand dam des pauvres Occidentaux obligés de s'enivrer sous peine de perdre la face ?).

Inversement, en France, le Chinois est en passe de devenir la seconde langue vivante enseignée après l'anglais. Tout ce qui est culturel et qui vient de Chine fascine quelle que soit la qualité intrinsèque des productions offertes (opéra, art contemporain, cinéma. Les touristes français sont quasiment les plus nombreux en Chine et ce pays fait toujours rêver ; le nombre de restaurants chinois (ou apparentés) dépasse à Paris largement celui des pizzerias.... La gastronomie lie en effet les deux peuples, qui se retrouvent avec fierté pour affirmer qu'ils auraient les deux seules cuisines dans le monde dignes de ce nom ! Le sens de l'humour, la fraternité qui se lie lors des repas, le goût du formalisme dans les relations, le respect des rites, l'aspiration à la vérité et à la profondeur dans la relation avec l'autre, le poids des symboles et la place de l'immatériel, l'importance de la famille, … sont autant de points sur lesquels nous pourrions analyser les ressemblances entre nos deux peuples, sans jamais perdre de vue les postulats de base qui sont fort dissemblables.

Nous naviguons chacun dans ce dialogue entre deux voies : proximité et étrangeté ; attendus et surprises ; attraction et rejet.

A titre individuel, chaque personne ayant fait l'expérience d'un long séjour dans le pays de l'autre peut témoigner de l'existence de ses sentiments contradictoires, parfois séquentiels et parfois concomitants.

6.3 Les convergences propres à la jeunesse

Il s'agit là certainement du point le plus difficile à évaluer, car il nous projette sur l'avenir et sur une vision des transformations à l'œuvre dans des univers autrefois séparés (la Chine et l'Occident), et aujourd'hui de plus en plus interpénétrés.

L'univers des possibles n'est pas déterminé par des lois mécanistes de cause à effet. En germes, existent des facteurs de développement dans toutes les directions possibles (convergence et relations pacifiques, ou éloignement et conflits). Quels sont ceux que l'histoire retiendra ?

A ce niveau de globalité, (on parle de quasiment toute la planète), la multiplicité des facteurs d'influence (les évolutions techniques et scientifiques notamment) et leur infini complexité semblent laisser la part la plus belle au pur hasard, et donc à l'impossibilité de prédire. La jeunesse (les moins de 25 ans) est la partie de l'humanité qui verra une partie de ces changements, et qui quelque part les portent déjà en elle.

La seule méthodologie qui nous reste donc pour tenter de pénétrer un peu ce futur, consiste à tenter de regarder ces jeunes, leurs comportements, leurs aspirations, tout en ayant à l'esprit que, plus âgés, ils ne seront déjà plus les mêmes : le propre de la jeunesse est sa capacité à changer.

On peut affirmer aujourd'hui que l'on assiste en Occident et en Chine à un rapprochement indéniable, et même à une interrogation profonde sur ce qui pourrait encore séparer ces deux jeunesses.

Ceci se manifeste des deux côtés par une remise en cause profonde de la pertinence des valeurs historiques, traditionnelles et culturelles qui, précisément, sont souvent à la base des divergences. L'histoire a isolé les deux civilisations, le présent doit les réconcilier : *« Deux s'unifie en un »*. Puis, *« Un se divise en deux »*.

Il y a indéniablement aujourd'hui en Chine chez les jeunes une véritable fascination pour tout ce qui peut les mettre en relation de partage avec leurs homologues occidentaux (ou asiatiques bien sûr, sentiment encore plus fort, mais plus « naturel »). On tend à rejeter tout ce qui peut représenter des traditions isolationnistes ; on n'étudie plus ou peu sa propre culture (sauf pour les examens imposés par le système) ; l'histoire est oubliée au profit du présent. L'Internet renforce ce mécanisme et la possibilité de le mettre en œuvre. Il n'est pas nécessaire de disserter longtemps sur cette aspiration, tant elle semble évidente à qui a pu côtoyer la jeunesse chinoise, et pas nécessairement la plus éduquée (mais davantage chez elle, bien entendu).

Les jeunes artistes contemporains expriment beaucoup de pessimisme dans leurs œuvres, (art très noir), en écho à l'inquiétude des jeunes en Occident. Les interrogations sont les mêmes : ce monde que nos pères ont tissé nous échappe. Les jeunes Chinois sont très nombreux à visiter les anciennes friches industrielles où ces artistes exposent, lieux plus ou moins tolérés par le pouvoir, qui oscille entre fermeté (censure) et récupération commerciale, jouant sur le prix des loyers et faisant en sorte qu'aujourd'hui, seules les grandes marques peuvent y investir.

On parle beaucoup de l'américanisation de la société chinoise et de sa jeunesse. Visible dans les grandes villes de façon superficielle, il ne s'agit que d'un phénomène probablement réversible. Plus profondes sont les aspirations des jeunes à se fondre dans un collectif planétaire commun et virtuel, quitte pour cela à sacrifier ce qui est propre à leur civilisation.

La résistance de la société à ce phénomène est grande, organisée par le pouvoir et les parents, véhiculée par le système familial et éducatif et faisant appel au nationalisme, à la censure, à l'isolement linguistique, au sens des responsabilités, à la conservation de l'harmonie, ...

De ces deux forces contradictoires, il est bien difficile d'affirmer laquelle prendra en définitive le dessus. Ou peut-être, tout simplement, coexisteront-elles très longtemps, voire indéfiniment. Ce que les jeunes attendent, c'est la disparition des vieux. Ce que les anciens espèrent, c'est de voir les jeunes vieillir, et donc devenir adultes et responsables. C'est l'éternel problème du conflit des générations, scènes milles fois jouées partout dans le monde d'une querelle entre les anciens et les modernes.

Ainsi, les sociétés évoluent-elles au gré des rapports de domination entre ces forces contradictoires, entre changement et immobilisme, entre avancées et retours en arrière. Ceci est universel, que ce soit analysé sous l'aspect linéaire propre au temps occidental ou sous l'aspect cyclique propre aux Chinois.

CHAPITRE 7

LA CHINE ET LE MONDE EXTERIEUR
Les multinationales chinoises

7.1 L'esprit de conquête occidental

L'Europe, puis les USA furent confrontés à la nécessité d'établir une présence commerciale, et donc politique et militaire, sur tous les continents accessibles depuis la plus Haute Antiquité (Empire d'Alexandre le Grand, Rome Antique). Cette volonté d'expansion et de domination des territoires étrangers s'est prolongée à partir de la Renaissance par les grandes conquêtes. La « découverte » de l'Amérique en 1492 reste un jalon symbolique qui donna la voie aux autres explorateurs vénitiens, espagnols, portugais, anglais, français, ... Ils furent bientôt rejoints par les américains, eux-mêmes issus de la vieille Europe, qui exercèrent d'abord leur domination sur leur propre territoire (la Conquête de l'Ouest) puis, à partir du 19ème siècle, sur le monde entier.

Ainsi est née la politique coloniale de l'Occident, dont le caractère agressif et brutal revêtait un triple objectif : l'accès aux matières premières et aux richesses de ces pays ; l'affirmation, ne serait-ce que vis-à-vis des concurrents, d'un pouvoir militaire fort sur des océans et des contrées lointaines et soumises ; mais aussi des visées universalistes pour la diffusion de valeurs et de croyances, la « civilisation ». D'autres grandes nations s'essayèrent à cette volonté de domination comme l'Empire Ottoman, qui colonisa ou exerça son influence sur l'ensemble des pays aujourd'hui musulmans.

7.2 L'esprit de protection chinois

Toute l'histoire de la Chine est quant à elle marquée par une double lutte : la conquête et la domination des territoires intérieurs, et la défense des régions sous sa domination contre les populations barbares vivant à ses portes (pour simplifier les Mongols ou les Mandchous).

Le Shi Jing ou le « Roman des Trois Royaumes » témoignent par exemple de ces incessantes luttes intérieures. La construction et le renforcement au cours des siècles de la Grande Muraille restent également le symbole de la volonté de protection des territoires conquis, et du concept d'Empire du Milieu (Zhong Guo).

Trois faits historiques montrent comment la Chine va, dans son histoire, apprécier ses relations avec le monde extérieur :

- Au 7ème siècle, l'expédition chinoise du moine Xuan Zang, partit de Chine pour rapporter des Indes les textes sacrés bouddhiques. Ce personnage reste un des personnages les plus connus des Chinois. Son voyage est raconté dans le célèbre roman : « Le Voyage en Occident » (Xi Youji). Sa mission ne fut pas d'aller coloniser des territoires pour le compte de l'Empire (Dynastie pourtant fleurissante des Tang) ou d'y propager sa propre culture. Il apprit au contraire les langues étrangères (le sanscrit), et consacra sa vie à introduire en Chine un des seuls apports culturels non indigène. : le Bouddhisme. En effet, celui-ci sera parfaitement intégré et fondu dans la culture même de ce pays, dont la civilisation écrite et les traditions fortes dataient déjà, à l'époque, de plus de 3 000 ans.
- Le second exemple remonte au règne de l'Empereur Yong Le de la dynastie des Ming, et concerne l'eunuque musulman Zheng He qui, pendant 30 ans, à partir du tout début du 15ème siècle, sillonna les mers extérieures comme Grand Amiral des flottes de l'empire. Il fit construire pour cela plus de cent navires à Canton, décimant ainsi irrémédiablement la plupart des ressources forestières de la province. A-t-il, comme le clament certains chercheurs chinois, « découvert » l'Amérique près de 100 ans avant Christophe Colomb ? La réponse à cette question a peu d'importance : les sept expéditions de Zheng He furent réelles, tout autant que l'ordre incroyable donné par l'Empereur à la fin du 15ème siècle de détruire tous les navires de haute-mer, interdisant ainsi à ses sujets de quitter le pays. L'Empereur Ming, à la lecture des récits de

Zhenghe, décida qu'il n'y avait vraiment rien à gagner à ce type de découvertes et tout à y perdre, et notamment la pureté de la culture chinoise qui pouvait se trouver altérée par des apports étrangers sans intérêt.

- Le dernier exemple est plus connu, et concerne l'arrivée des impérialistes étrangers (anglais, français, allemands, japonais et américains) sur le sol chinois, vers le milieu du 18ème siècle, et les réactions de l'Empire Mandchou Qing, alors déclinant et déjà affaibli par les révoltes internes. Entre 1851 et 1864, la révolte des Taiping menée par le fanatique Hakka, Hong Xiu Quan, converti au Christianisme et autoproclamé Messie, décima quasiment le tiers de la population chinoise. Il suffit de comparer la façon dont l'Impératrice douairière Cixi composa avec le monde occidental (elle assuma le pouvoir entre 1860 et 1908, date de sa mort) avec la politique menée alors au Japon (Ere Meiji), pour se rendre compte combien la Chine se trouvait démunie, et dans l'incapacité de comprendre ce qui se jouait réellement. Jusqu'en 1949, la confrontation Chine – Occident (rajoutons à cela l'invasion japonaise et la guerre civile) fut une période d'horreur et de honte pour le peuple chinois. Elle dura près de 200 ans.

Pourtant, durant cette même époque, la Chine apprit beaucoup de l'Occident et du Japon aussi. Citons en vrac : la lutte pour la démocratie puis le marxisme, la montée d'un nationalisme moderne de type occidental (la Nation chinoise) se séparant des conceptions de l'Empire (la Civilisation Chinoise), la naissance d'institutions influencées par l'Occident (gouvernement et administrations, universités et système éducatif, armée, …), et même la reformulation d'une langue moderne, plus grammaticale, inspirée des règles du japonais (le chinois putonghua).

Que conclure des trois exemples exposés si brièvement ?

La Chine n'a jamais eue de visées expansionnistes, colonialistes ou impérialistes.

Contrairement à une idée reçue en Occident, nous pensons qu'aujourd'hui la Chine n'est pas partie à la conquête du monde, mais à la conquête de son propre destin !

Elle se sert du monde dans ce but, mais ne cherche pas à le conquérir.

7.3 Perception du monde extérieur

Comment les entreprises chinoises voient-elles le monde extérieur ?

La Chine peut aujourd'hui revendiquer ce passé auprès des pays développés pour les rassurer sur ses intentions pacifiques, mais aussi et surtout, auprès des pays du Tiers-monde.

La Chine n'a jamais participé de près comme de loin aux expériences colonialistes et impérialistes. Elle ne se sent donc pas concernée par les discours post-impérialistes sur la décolonisation, le néocolonialisme, ou la responsabilité et la repentance nécessaire de l'homme blanc face à l'esclavage, et aux exactions commises sur des continents entiers (Afrique, Asie, Amérique Latine). Elle peut d'ailleurs à juste titre prétendre faire partie des victimes de cette politique inhumaine, en revendiquant le statut de pays ayant le plus souffert. On peut même ici rajouter l'expérience douloureuse des relations Chine – URSS entre 1949 et 1956, que les Chinois ont qualifiée de « social- impérialisme ».

La Chine se montre donc vis-à-vis du Tiers-Monde décomplexée, sans passé et sans taches, et sans jamais avoir souhaité ou voulu y occasionner la moindre exaction. Au contraire, et pour renforcer ce point, la Chine a depuis le milieu du 18ème siècle, connu des vagues successives d'émigration vers les autres pays : Asie du Sud-Est, Europe ou Amérique du Nord.

Cette diaspora chinoise, forte aujourd'hui de quelques 35 millions de personnes (28 millions en Asie, 5 millions en Amérique et plus d'un million en Europe), demande à être étudiée de plus près : Sa constitution, son comportement vis-à-vis des pays dans lesquels elle se trouve et les relations qu'elle entretient aujourd'hui avec la Chine. Disons qu'elle ne servit jamais de cheval de Troie pour une expansion chinoise autre qu'économique, et qu'elle sut à la fois se fondre (ou se couler) dans les pays d'adoption, sans vraiment s'y assimiler. Elle a conservé souvent intactes les valeurs et les traditions de la civilisation chinoise (tout du moins, le pense-t-elle).

Cette communauté a montré aussi une extraordinaire capacité à profiter des circonstances offertes dans les pays d'accueil, ou même à les créer, légèrement en marge, pour s'enrichir par le travail et principalement dans des activités commerciales.

Elle a participé partout et très largement aux efforts de construction puis de reconstruction de ces pays. Elle s'est montrée loyale vis-à-vis des gouvernements en place, quelque part satisfaite de son statut, et ne revendiquant pas une place politique particulière.

Les soi-disant mouvements chinois dissidents (souvent des partis communistes) à la solde de la Chine Rouge en Indonésie, en Malaisie ou en Thaïlande (ou même au Vietnam après 1975), ont servi surtout de prétextes à des pogroms et à des épurations ethniques absolument monstrueuses.

Ceci renforce encore les dires chinois sur leurs bonnes intentions vis-à-vis des gouvernements étrangers, et leur affirmation selon laquelle une présence chinoise même sur leur territoire, n'est pas synonyme d'une volonté de domination ou de contrôle.

Cette volonté en revanche ne s'adresse qu'aux territoires que la Chine revendique, à tort ou à raison, comme siens au regard de l'histoire : le Tibet, les Provinces de l'Ouest et bien-sur les territoires de Hong Kong, de Taïwan et quelques îles dans le Pacifique.

Afin de profiter au mieux de la globalisation de l'économie en marche, d'introduire en Chine les principes d'une économie de marché (entrée au WTO) et d'assurer l'intégration de Hong Kong, Deng Xiao Ping vers la fin des années 1970 dut renoncer aux politiques de son illustre prédécesseur, le Président Mao, comme celle de « *Compter sur ses propres forces* ».

Il déclare « *s'inspirer des autres pays pour introduire dans le système chinois les techniques servant le développement du pays tout en repoussant résolument les influences idéologiques étrangères* ». Ce fut alors la politique d'ouverture et de réforme (« Gaige Kaifeng »).

Les changements perceptibles furent timides au départ, et surtout limités à construire sur le territoire des zones franches (les zones économiques spéciales) pour y attirer les capitaux et les sociétés étrangères, qui avaient alors pour mission d'exporter et d'écouler par elles-mêmes, vers le reste du monde, les produits fabriqués en Chine. L'existence d'une main d'œuvre bon marché assurant le premier avantage compétitif.

7.4 La politique d'ouverture

Puis, les entreprises chinoises furent appelées à jouer un rôle de plus en plus important sur le plan mondial, pour répondre à des besoins internes : gagner en indépendance vis-à-vis de l'étranger, et répondre à l'expansion naturelle vers de nouveaux territoires, qui reste un mécanisme propre et intrinsèque au système capitaliste.

Ce fut aussi et surtout pour des raisons externes : répondre au désir du Gouvernement chinois d'accroître son influence et de sécuriser ses sources d'approvisionnement, pour rendre pérenne le développement du pays et sa croissance.

Or, pour ce faire, le passé non colonialiste et non impérialiste de la Chine possède son revers. Au début des années 80, ce pays ne disposait à l'étranger que de très peu de bases solides pour assurer son approvisionnement en matières premières et pour écouler ses produits ou exercer son influence, autre que politique. Sa connaissance du reste du monde était quasiment nulle, et ses rapports avec la diaspora chinoise à l'étranger très distendus, cette dernière étant souvent farouchement anticommuniste (émigration en provenance du Vietnam par exemple).

La politique d'ouverture commençait à peine, le pays sortait d'une formidable période de fermeture et d'isolement, la Révolution Culturelle. Les Chinois ne parlaient alors aucune langue étrangère, n'avaient aucune connaissance des pays étrangers, et même pas la moindre notion de géographie. Les patrons des grandes entreprises et les nouveaux entrepreneurs n'étaient pas mieux lotis que le citoyen moyen. Il fallait tout construire à partir de rien, et même l'histoire ne pouvait apporter la moindre solution à ce type de problème.

Comment participer alors à la globalisation de l'économie sans rester cantonné au rang indigne pour la Chine de réservoir de main d'œuvre? Comment assurer son indépendance nationale et un accès direct aux matières premières ? Comment sans passé, et sans bases impérialistes établies, pouvoir égaler puis dépasser les entreprises de la vieille Europe et celles des USA, déjà devenues des multinationales aguerries ?

On peut dater du tout début des années 2000 ce tournant de l'histoire économique de la Chine et, comme pour beaucoup de choses dans ce pays, l'associer à l'apport d'un leader, Jiang Zemin, shanghaien, et donc plus ouvert que ses compatriotes pour comprendre et affronter l'Occident et le monde.

La Chine ouvre alors ses frontières aux étudiants chinois désireux d'aller se former à l'étranger, et donc de comprendre le monde (ainsi pour la France seulement sommes-nous passés de 500 demandes de départ pour études en 1999 à 12 000 dès 2001). La Chine entière tenta d'apprendre l'anglais (les résultats sont assez décevants, il faut souvent commencer par apprendre l'alphabet ; on part donc de très loin). Les voyages et missions d'étude d'entreprises ou de fonctionnaires se multiplièrent, et nos sociétés virent défiler dans leurs murs des délégations chinoises composées de plusieurs dizaines de personnes. Le développement du tourisme chinois servit la même cause.

Il faut surtout mentionner l'intérêt renouvelé du pouvoir chinois et de ses entreprises vis-à-vis de la diaspora, et même son renforcement qualitatif, y compris par l'immigration illégale.

Le discours fut à peu près le suivant *: « La Chine relève la tête, elle est un sujet de fierté ; vous êtes des Huabao, c'est-à-dire des Chinois appartenant à la même cellule souche que nous, ou des Hua Qiao, c'est-à-dire un pont entre la Chine et le monde. Mettons de côté les divergences politiques, vous ne souhaitez comme nous, les Chinois restés sur le continent, que travailler dur et vous enrichir ; faisons cela ensemble ! ».*

Des appels similaires furent adressés aux Chinois vivant à l'étranger et y ayant acquis des compétences scientifiques ou managériales, pour qu'ils envisagent leur retour. Des ponts d'or furent offerts : ils pouvaient conserver leur « green card » américaine ou canadienne ; leur famille et leurs biens pouvaient rester à l'étranger. Rien n'était impossible, tout était négociable (à la condition qu'ils acceptent, ou feignent de le faire, la règle de l'Empire : c'est à dire la gestion de la Chine par le Parti communiste chinois). Ils se devaient de participer aux efforts de leurs frères et d'apporter leur contribution à la Splendeur retrouvée du Peuple Han ! Cette politique porta ses fruits, et la courbe des retours vers la Chine a dépassé aujourd'hui celle des départs vers l'étranger.

Ainsi, pendant dix années, la Chine a-t-elle construit secrètement et patiemment les bases de son apparition sur la scène économique mondiale, comme acteur indépendant et non soumis aux multinationales étrangères.

7.5 Objectifs pour la Chine de demain

Il est donc temps de passer à la vitesse supérieure.

La crise de 2008 aux USA (les subprimes) fut à ce niveau un révélateur et un accélérateur qui obligea le gouvernement chinois à aller plus vite encore qu'il ne le prévoyait au départ. C'est Hu Jin Tao qui devra porter ce discours.

La Chine sut assez bien résister à la crise, mais la leçon était tirée, et l'analyse faite et définitive : le temps de la sous-traitance exclusive pour les pays étrangers est révolu. Trois grands axes furent mis en avant pour prendre en mains son destin économique, et constituèrent autant d'objectifs précis assignés aux entreprises chinoises du secteur public comme du privé. Ils se décomposent ainsi :

7.5.1 Sur le plan intérieur

La Chine affirme le besoin de construire en Chine même, un marché intérieur digne de ce nom, pour et au profit des entreprises chinoises.

Il faut donc encourager la consommation intérieure et la diriger vers les produits chinois. Pour ce faire, des mesures macro-économiques ont été appliquées pour stimuler la consommation, mais il reste aussi à faire en sorte que l'offre chinoise devienne plus compétitive.

Les entreprises chinoises devront pour cela faire face à leurs concurrents étrangers, qui sont également leurs partenaires. Il s'avère en effet difficile de fermer totalement les portes aux marques étrangères (tout au plus peut-on essayer de les contenir par des tracasseries administratives), d'autant plus qu'elles sont déjà présentes, et ont pu depuis longtemps séduire le consommateur chinois (Apple par exemple. Steve Jobs est considéré comme un Dieu en Chine!).

La production chinoise doit devenir meilleure en qualité, ne plus présenter de risques sanitaires ou environnementaux (les punitions sont terribles pour celui qui se fait prendre en faute).

Elle doit pouvoir s'adapter aux goûts des Chinois, aussi bien dans sa conception que dans son design, et incorporer les meilleures avancées techniques ou les meilleures recettes marketing pratiquées en Occident. Tous les secteurs sont concernés. Les entreprises sont fortement encouragées à investir dans la R&D, mais aussi à se constituer en marques fortes, reconnues et appréciées par les Chinois.

Pour ce faire, tous les secteurs de l'entreprise doivent se mobiliser, et l'étude des modèles de management en vigueur en Occident devient l'objectif premier de formation des cadres chinois. Le nombre d'Exécutive MBA proposé en Chine par les universités est aujourd'hui phénoménal, y compris ceux en coopération avec les universités étrangères.

L'introduction de méthodes de management occidentales ne supplante pourtant pas pour autant les conceptions traditionnelles. On peut dire qu'elles se fondent et se transforment dans cet univers. Il devient difficile de faire la part des choses, tout coexiste et définit, sinon un corpus théorique, du moins une pratique quotidienne en perpétuelle évolution.

La copie

Faisons là une parenthèse sur la question de la copie, comme processus d'apprentissage et d'acquisition du savoir.

Nous avons vu que « copier » et « refaire sans cesse » sont l'essence même du « savoir » en Chine, et constituent les deux caractères chinois utilisés pour désigner ce dernier concept. Mais inversement, « savoir » ce n'est pas continuer à copier, mais passer à un stade supérieur, et créer, surpasser et innover.

De plus, la propriété du savoir n'est pas en Chine considérée comme l'apanage d'une personne ou d'une entité. Elle est nécessairement collective. Les inventeurs ou créateurs chinois n'occupent à titre personnel que peu de place dans les mémoires. La dynastie qui les a engendrés et leur a fourni les moyens de leur réussite conserve, elle, toute la grandeur de leurs exploits.

Aujourd'hui, les choses ont peu changé. Copier l'étranger est un processus qui n'est pas diffamant, et s'approprier collectivement le savoir de l'étranger est admis comme un processus naturel et juste. Bien entendu, l'entrée de la Chine à l'OMC a imposé de l'extérieur des règles précises, et la question de la propriété intellectuelle évolue au moins au niveau du langage officiel, même si les esprits n'ont pas évolué.

Les Chinois sont ainsi fiers de leur TGV, et pour eux il est 100 % chinois : peu importe que Siemens ou dans une moindre mesure Alsthom leur aient transmis (souvent à leurs dépens et quelquefois dans leurs intérêts) les technologies nécessaires ! On peut même dire que le mérite de la Chine en est encore plus grand : leurs négociateurs ont su ainsi récupérer par la finesse un bien (le savoir technologique), considéré comme appartenant nécessairement à l'humanité entière (soit à la Chine,) et provisoirement non encore en sa possession.

Ceci peut choquer le lecteur, mais il en est ainsi, et les historiens du concept de « propriété intellectuelle » pourront surenchérir sur le fait qu'il s'agit là en Occident également d'une notion assez nouvelle (début du 20ème siècle), et pas si évidente.

Cette situation laisse cependant une place certaine aux entreprises occidentales, à la condition qu'elles comprennent bien les enjeux, les risques et les limites de leur présence. L'agent, le coopérant chinois, le partenaire d'une joint-venture, quel que soit le niveau de relations établi avec la partie étrangère, et on peut même dire quel que soit leur intérêt privé objectif, resteront dominés par le besoin d'appliquer la politique de leur pays, et de participer à un mouvement national.

L'ambition des entreprises chinoises reste encore limitée aux contours du marché national, et elles réclameront une part croissante de la plus-value réalisée sur le sol national, jusqu'à leur émancipation quasi totale. Telle est la règle du jeu ! En avons-nous une tellement différente ?

7.5.2 *Sur le plan extérieur dans le monde capitaliste*

La faillite de Leyman Brothers en 2008 a menacé la Chine, comme le baril de pétrole à 100 US$, et les difficultés à disposer de ressources pour pérenniser son développement.

Un écroulement du système bancaire européen et les dettes des pays qui composent l'Union inquiètent tout autant la Chine que ses propres problèmes intérieurs.

La crise du monde occidental fait peser une triple menace sur l'économie chinoise :

- Elle occasionne des doutes sur la véritable valeur des ressources financières accumulées par la Chine au cours de la décennie précédente, et investies principalement en bons du Trésor US libellés en US$, et en participations ou obligations en euros (dont une part croissante de la dette des pays européens).
- Une récession menacerait directement les exportations chinoises de produits bon marché. Ceux- ci demeurent toujours un des moteurs de la croissance chinoise qu'il faut savoir protéger, comme la poursuite des investissements directs étrangers en Chine. Même si, comme on l'a vu, la nouvelle politique est de contourner à terme cette menace, elle n'est pas appliquée comme un tournant radical. L'ordre ancien qui a su assurer le succès et a donné naissance à la situation présente, coexistera encore longtemps avec l'ordre nouveau qui émerge à peine. De plus, cette activité emploie en Chine des millions d'ouvriers, et sert toujours la cause des entreprises chinoises dans leur apprentissage progressif et nécessaire des mécanismes de l'économie, de la production, de la distribution, du marketing, de la vente, etc. La Chine doit aussi, et avant tout, éviter l'application de toute politique protectionniste en Occident, qui serait catastrophique pour elle comme pour les pays qui l'adopteraient.
- La crise compromet le développement chinois qui a surtout besoin de paix et de stabilité internationale, notamment en matière d'échanges. Les Chinois sont les meilleurs défenseurs du statut quo actuel, et l'inconnu présente plus de menaces que d'opportunités dans la situation présente.

Pour faire face à ces menaces, la Chine n'a pas d'autre choix à faire que de devenir un intervenant fort sur les marchés en Europe ou aux USA, qu'ils soient financiers ou économiques. Elle commence à peine à en avoir les moyens humains et financiers pour l'envisager sérieusement, mais ils sont très largement insuffisants. Cependant, la nécessité oblige, là encore, à accélérer un processus prévu au départ comme moins rapide.

De plus, cette crise offre des opportunités étonnantes et nouvelles : celles d'acquisitions par les entreprises chinoises, sur les places fortes du capitalisme international, de sociétés anciennes et expérimentées. Cela permet l'accès à des savoir-faire et à des brevets inexistants en Chine, ou non encore transférés dans le cadre des Joint –Ventures nationales. Les entreprises chinoises sont donc, là encore, sollicitées par leur gouvernement pour entreprendre la conquête de ces marchés et l'acquisition de ces fleurons.

Il s'agit aussi de rendre irréversible la présence de la Chine dans le monde occidental, en l'intégrant profondément dans son dispositif économique même. La finalité principale des entreprises chinoises en Europe n'est donc plus d'occasionner des délocalisations et de transférer des productions vers la Chine. Cet objectif reste plutôt celui des patrons occidentaux pour défendre leurs propres avantages, souvent contre les intérêts nationaux. Les Chinois veulent plutôt s'immiscer dans le capital des grandes ou petites entreprises dans des secteurs stratégiques ou de prestige, même à une place modeste. Leur but est d'assurer ainsi une présence, pour ne pas être réduits à une défense de l'extérieur quand leurs intérêts seront menacés. L'UE souhaite devenir une forteresse, soit, il faut donc la conquérir de l'intérieur.

Les sociétés de conseils occidentales sont peu sollicitées par les Chinois pour assister leurs projets de M&A ou de coopération dans le monde occidental, sauf en ce qui concerne le secteur bancaire ou les cabinets d'avocats, ou la production de belles présentations destinées à attirer les Occidentaux.

Dans ce processus, c'est la diaspora chinoise qui joue un rôle particulier. C'est elle qui permet aux entreprises chinoises venant de loin et inexpérimentées d'apprécier le terrain local et d'éviter les pièges tendus. Les Chinois auront spontanément confiance dans ces « frères » d'Outremer, et de plus, l'obstacle linguistique sera levé (au dialecte chinois utilisé près).

Cette volonté chinoise est pour nos entreprises une opportunité, et pas seulement celle d'arriver à « fourguer » à des Chinois naïfs de vieilles sociétés sans réelle valeur, en perte de vitesse, dirigées par des patrons vieillissants et malmenées par la crise !

Croiser nos participations capitalistiques avec la Chine est aussi l'assurance de survivre dans un monde où les Chinois sont déjà, ou deviendront, des intervenants de tout premier plan. Combien de grandes entreprises françaises ont rêvé de coopérations transatlantiques, souvent en s'y perdant (Jean-Jacques Messier), parfois avec succès (Safran et GE) ? Ceci n'est pas tabou. Pourtant, si on y regarde de plus près, la volonté de puissance et de domination des américains n'a jamais été moindre que celle des Chinois, et les différences culturelles pas moins profondes.

Beaucoup d'entreprises occidentales n'ont probablement pas d'autre choix que de forger des alliances à long terme, sur leur propre sol, avec ces sociétés qui aujourd'hui le demandent, ne serait-ce que pour continuer à bénéficier des plus-values réalisées sur le marché chinois et à y distribuer leurs produits.

Il faut savoir passer de la confrontation à la coopération et au mixage des intérêts, abandonner l'espoir vain de pouvoir se comporter sur le marché chinois comme dans un pays économiquement vassal.

Ceci demandera parfois également d'accepter des renversements étonnants de nos valeurs : voir dans certains cas notre pays devenir l'atelier de la Chine, afin de ne pas se désindustrialiser complètement ; ou encore voir le Capital chinois défiler dans notre pays et y acquérir des morceaux de choix … Nous l'acceptons bien du Qatar. Les entreprises du CAC 40 sont possédées à plus de la moitié de leur valeur par des capitaux étrangers.

L'argent chinois aurait-il vraiment une odeur différente ?

7.5.3 Les Chinois et les règles du jeu de la concurrence

Une question importante doit être abordée à ce stade et fait l'objet de nombreux commentaires dans le monde occidental. Les Chinois n'auraient que faire, dans leur pragmatisme total, des règles du jeu de la concurrence. Bien qu'admis à l'OMC, aucun réel changement ne serait perceptible dans leur attitude, et cela finirait par leur coûter cher.

Le mode de financement des entreprises chinoises serait en particulier rédhibitoire au regard du droit de la concurrence. Lorsqu'elles seront vraiment présentes dans les économies occidentales, les procédures vont pleuvoir sur elles, et elles n'auront alors aucun moyen de s'adapter loin de leur propre base.

On cite par exemple ce qui s'est récemment passé en Pologne où un groupe chinois avait remporté un marché dans la construction d'autoroutes, et où, s'avérant en apparence incapables de respecter les clauses du marché, ils en redemandent la négociation, ce qui va leur être sans doute refusé, car contraire au droit européen.

Passons quelque temps non pas à réfuter cette argumentation qui a sa pertinence, mais comme à l'habitude à lui renvoyer son propre discours :

De quelles règles du jeu de la concurrence parle-t-on ?

De celles des financiers internationaux mêlés à tous les scandales ?

De celles de la défiscalisation des comptes offshores, des sociétés ou sièges sociaux établis dans les paradis fiscaux, y compris en Europe et même sur le territoire US ?

Des pressions gouvernementales qui s'exercent sur des pays vulnérables lors de contrats d'équipement ou d'armement ?

Des abus de positions dominantes dans des secteurs-clefs ?

De la logique des délocalisations et des entreprises ou marques sans usines, exploitant une main d'œuvre internationale, là où précisément les règles n'existent pas ?

Parle-t-on de la multitude des cabinets internationaux d'avocats d'affaires, des experts financiers, des fonds d'investissements plus ou moins obscurs, des banques les plus estimables, qui précisément sont payées pour connaître toutes les règles et apprendre à leurs clients comment les contourner ?

Le financement par les états des grandes entreprises (notamment par les commandes militaires aux USA par exemple) est une pratique généralisée dans le monde entier. Que doit-on dire de la recapitalisation des banques et de certaines grandes entreprises privées (automobile par exemple) intervenue pendant la crise de 2008 aussi bien en Europe qu'aux USA ?

Reprenons l'exemple de ce contrat d'autoroute gagné en Pologne par la société chinoise China Overseas Engineering Group (Covec). Nous nous permettons de citer dans son intégralité un article sur ce sujet écrit par M. Adam Grzeszak, et paru dans le numéro 1076 de Courrier International :

L'autoroute polonaise !

La construction de l'A2 par le groupe Covec devait marquer l'implantation du géant du BTP chinois en Europe. Mais celui-ci a mal évalué les arcanes des marchés publics polonais et a dû suspendre les travaux.

Pas de chance, avec cette autoroute! D'abord, on a repoussé la date de construction, jusqu'à ce que le gouvernement de Jaroslaw Kaczynski [2006-2007] décide de la confier à un investisseur privé, avec une concession de service public. L'appel d'offres a été reconduit plusieurs fois faute d'investisseur, et les banques susceptibles de financer le chantier se sont esquivées.

Quand, avec le nouveau gouvernement [de Donald Tusk], la situation juridique a été enfin éclaircie, on s'est rendu compte que les délais étaient très serrés pour achever la construction avant l'Euro 2012. On a donc décidé d'effectuer les travaux par tranches et de les répartir entre plusieurs entreprises.

C'est là que sont apparus les Chinois.

Covec [China Overseas Engineering Group] est un grand conglomérat d'Etat en Chine. Avec un chiffre d'affaires annuel de 25 milliards de dollars, c'est la troisième entreprise de BTP au monde. Déjà implanté en Asie et en Afrique, il ne cache pas son intérêt pour l'Europe. C'est pourquoi, après une série d'entretiens intergouvernementaux au cours desquels les Polonais ont fait leur possible pour l'enjôler, Covec a finalement dit oui.

Joie et indignation !

Pour commencer, il a déposé une offre pour deux tronçons de l'A2. Tous ont été pétrifiés: les uns de joie – la Direction générale des routes nationales et des autoroutes (GDDKiK) –, les autres d'indignation – les concurrents polonais. Les Chinois pro-

posaient un prix deux fois inférieur au budget prévu ! "A ce prix, on ne peut pas construire d'autoroute. C'est du pur dumping. C'est pourquoi nous avons saisi l'Office de protection de la concurrence et des consommateurs et la Commission européenne", s'indigne WoJ.-C.iech Malusi, président de la Chambre du transport routier.

Covec a fait une réponse circonstanciée, expliquant que sa position économique lui permettait de réaliser l'investissement avec ses fonds propres et qu'il pouvait réaliser des économies substantielles sur les équipements et les matières premières. Sans compter les salaires des ouvriers chinois, moins chers que ceux des polonais.

Le marché de la construction des routes en Pologne est dominé par les grandes firmes du BTP. La plupart sont arrivées ici en rachetant des entreprises polonaises ou en participant à leur privatisation. Elles disposent d'une base logistique, de personnel, de moyens de production. Si nécessaire, elles confient une partie des travaux aux sous-traitants polonais. C'est pourquoi tous ont été surpris de voir les Chinois s'engager dans le projet sans rien de tout cela.

Au début, la stratégie de Covec était simple : embaucher des sous-traitants locaux pour tout faire. Mais pour honorer le contrat tout en réalisant de la marge, il fallait économiser sur les sous-traitants. Résultat : personne ne s'est présenté. Les Chinois ont compris que toute la branche du BTP s'était liguée contre eux.

Ils ont eu un mal fou pour trouver des fournisseurs, que ce soit pour louer du matériel ou pour acheter des matériaux de construction. "Ils baissent les prix, nous piquent du travail, démolissent le marché et on devrait les aider? Jamais de la vie!", déclare le dirigeant d'une entreprise polonaise, qui préfère garder l'anonymat. Comme lui, tous les constructeurs de routes en Pologne sont persuadés que l'A2 va être une camelote chinoise de la plus belle eau.

Covec pris au piège.

A la direction des routes et au ministère, l'atmosphère est tendue : on pense que les Chinois doivent se débrouiller, car c'est une question de prestige pour eux. Soit ils réussissent sur l'A2, soit ils abandonnent et dans ce cas, ils ne pourront plus répondre à un appel d'offres public. Le marché de l'UE sur lequel ils comptent leur sera fermé.

Covec s'est depuis longtemps rendu compte qu'il était pris au piège faute d'avoir pris en compte plusieurs risques. L'idée d'importer les équipements et les matériaux de construction n'était pas bonne : la Chine est trop loin, les machines n'ont pas de certificat communautaire. La centrale chinoise n'a pas avancé les sommes prévues et Covec a été condamné à attendre le paiement de la GDDKiA [la Direction des routes et autoroutes] pour avancer. De plus, les Chinois n'ont pas prévu l'augmentation des prix du carburant. L'année dernière, le prix de l'asphalte a augmenté de 100 %. Sans parler de l'augmentation de la TVA, des impôts, des taxes, du ciment, de l'acier...

Pour le moment, les Chinois font contre mauvaise fortune bon cœur. Ils sourient et expliquent qu'ils font leurs débuts sur le marché européen et qu'ils doivent apprendre. Ils n'ont pas l'intention de faire du dumping, la preuve est qu'ils n'ont pas gagné la deuxième ligne du métro de Varsovie, car il y a eu des offres moins chères. Ils vont construire l'autoroute à temps et elle sera de bonne qualité, assurent-ils.

Pour leurs concurrents, c'est une histoire à dormir debout. Les pertes seront énormes, la qualité douteuse. En un mot, au lieu de la route de l'amitié sino-polonaise, ce sera une catastrophe. D'ailleurs c'est ce qu'ils souhaitent de tout cœur.

Cet article a le mérite de poser la question dans sa complexité. On ne peut s'empêcher de faire le parallèle avec des appels d'offres gagnés en Chine par des entreprises occidentales, et finalement remis à des sociétés chinoises à la suite de pratiques protectionnistes des autorités, mais également à cause d'une mauvaise connaissance des règles locales, d'un mauvais réseau d'influence, d'une fausse appréciation sur les prix des matières premières, d'une évaluation erronée de l'état de la concurrence, du potentiel technique existant, etc.

Comment ne pas évoquer aussi le « contrat du siècle » gagné par EADS contre Boeing aux USA sur les avions ravitailleurs, et la conclusion au bénéfice de l'entreprise américaine après plusieurs années de contentieux juridico-industriels ?

Opposer la morale et l'éthique des affaires aux Chinois est pourtant une nécessité, et une lutte qui porte d'ailleurs ses fruits.

Les pratiques les plus contestables sont également condamnées en Chine, et très lourdement.

En revanche, se présenter en modèle de vertu face à un monstre de perversité économique est parfaitement risible. Cette tendance manifeste une accélération forcenée des comportements vers encore plus d'agressivité économique et encore moins de transparence.

Cette vision est finalement un appel à une confrontation frontale que certains lobbies protectionnistes veulent favoriser sans en mesurer réellement les conséquences.

7.5.4 Cas particulier des investissements chinois en France

La situation des investissements chinois en France n'est pas excellente, et sur ce plan, nous sommes largement dépassés par notre partenaire allemand.

Les raisons des difficultés pour la France à attirer les investissements chinois sont nombreuses. Citons sans ordre d'importance :

- Échecs médiatisés : TCL avec Thomson (une opération montée par les français sur les tubes cathodiques de TV, technologie déjà largement dépassée) ; Tomates dans le sud de la France avec Le Cabanon, etc.
- Raisons politiques depuis le départ de J.Chirac et ce qui s'en est suivi : évitement de la France par les dirigeants chinois (visible il y a un an lors de la mission du ministre Chen du commerce qui a sillonné l'Europe en évitant bien notre pays). Bien que l'on parle d'amélioration, le gouvernement chinois (MOFCOM, NDRC, …) hésite toujours à donner son autorisation pour des investissements dans notre pays.
- Mauvaise image de la France en général et dans le business (par ordre non d'importance, mais chronologique pour un Chinois découvrant la France) : Aéroport de Paris CDG (merci à la PAF) ; Politique aberrante d'obtention de visas pour les ressortissants chinois (on y investit 100M€ et cela ne donne pas le droit d'aller en France ! – voir la politique de Green Card américaine, canadienne ou austra-

lienne) ; Pays romantique et cadre de vie à l'ancienne où les gens ne font pas grand-chose (les 35 heures) ; Langue exotique et peu de gens parlant l'anglais ; Insécurité des touristes et agressions nombreuses ; Arrogance, prétention, donneur de leçons ; Pays peu moderne ; Agitation sociale (les émeutes des banlieues très médiatisées en Chine – à vrai dire les grèves d'entreprises un peu moins .. Il ne s'agirait pas de donner de mauvaises idées au Peuple !) ; Coût du travail, réglementation, taxes trop élevées ; Syndicats ; Politique étatiste ; Bureaucratie excessive, aides complexes à obtenir, droit des affaires complexe, …. Tout cela est partiellement faux, mais correspond à une image générale. Elle a aussi son inverse (comme tout en Chine) que l'on peut exploiter : créativité, romantisme, nationalisme et préservation de son identité, …..

- Manque de réel intérêt des PME pour la Chine, et quasi-impossibilité à ce jour d'envisager des participations chinoises au capital des grandes entreprises (sauf Total, Suez peut-être, …).
- Manque de valorisation de la communauté chinoise en France. Quasi-impossibilité pour un Chinois de participer à la Direction Générale de grandes entreprises, de diriger des labos, (manque de confiance). Manque de formation, cantonnement à des métiers bas de gamme dans des secteurs traditionnels (restauration, textile bas de gamme, …). Manque de diplômés, favorisé par une politique de retour au pays sitôt le diplôme obtenu. Ceci empêche cette population de jouer un rôle d'intermédiaires pour générer des opportunités, et surtout pour les gérer ensuite par manque de cadres adaptés et biculturels.
- Gestion très difficile des entreprises rachetées par les Chinois (voir point précédent). De plus les directeurs chinois n'ont pas confiance dans les français (ni dans les cabinets de conseils) pour gérer leur intérêts. Les cadres chinois choisis ne comprennent pas grand-chose, et la population chinoise en France, qu'ils appellent au secours, reste peu formée, peu compétente et peu ambitieuse sur le plan de la carrière (seul l'argent rapide l'intéresse) …..

- Fermeture de la population et hostilité à la présence chinoise. Crainte des délocalisations, alors que celles-ci ont été initiées depuis plusieurs décennies par des patrons français, et ne sont pas, en outre, l'objectif premier des Chinois aujourd'hui, mais plutôt celui de patrons français en mal de profits.
- Produits français peu adaptés au développement chinois à la différence de l'Allemagne, de la Suisse ou de l'Italie. Désindustrialisation du pays dans les années 80, dans les secteurs-clefs comme celui de la machine-outil qui reste symbolique.
- Mauvaise image de notre système éducatif et de recherche : Classement de Shanghai, dispersion de nos universités sans campus au nom reconnu (sauf la Sorbonne, mais on ne sait même plus ce que cela recouvre vraiment) et sans renom international (Paris 1, 2, 3 … 11 ???) ; Dispersion de la recherche entre CNRS (UER x, y.) et quelques universités inconnues, grandes écoles qui ne font en général pas de recherche. Manque de dynamisme dans le dépôt de brevets. Pas ou peu de prix Nobel. Complexité des pôles de compétitivité et manque de lisibilité. Mélange entre l'excellence, le moyen et le mauvais… On privilégie l'effet d'annonce électorale aux réalités de la Recherche, et on laisse la dispersion concurrentielle s'exercer sans grande cohésion.
- Il existe aussi les fautes et des difficultés propres à la Chine, (rencontrées par elle dans tous les pays) : concept d'internationalisation récent, complexité des investissements à l'étranger, volonté de court terme et de retour très rapide sur investissements, manque de cadres formés, peu d'ouverture culturelle sur les autres, surévaluation de la culture chinoise, esprit nationaliste de revanche sur l'étranger, langue, concepts économiques ultra-libéraux, incompréhension de la notion d'Etat de Droit (respect des contrats écrits, nécessité de transparence dans la gestion, respect des règles sociales), incompréhension du concept de propriété intellectuelle, volonté d'échapper au fisc et l'évasion fiscale comme valeur, …..

7.5.5 *Les mesures à proposer en France*

Elles sont à l'image des problèmes soulevés plus haut :

- Modifier la politique de visas et le traitement des immigrés chinois en France.
- Améliorer l'accueil et l'usage de l'anglais en France (signalétique…). Développer la langue chinoise et le « soft power » chinois en France (ce qui se fait en partie).
- Utiliser et former une élite reconnue et compétente parmi la population chinoise présente en France, et encourager sa prise de responsabilités au sein des grandes entreprises.
- Mieux contrôler les investissements au niveau faisabilité, en instituant des audits sur la gestion future de l'entreprise, et en prodiguant par des spécialistes des conseils objectifs aux repreneurs chinois. Ne pas laisser cela aux seuls PDG ou fonds de pensions, qui ne voit que leurs seuls intérêts financiers dans l'opération (pour les PME), ni aux cabinets juridiques qui pensent surtout à leur commission basée sur la réalisation d'une affaire, ou encore aux pouvoirs publics locaux qui ne comprennent pas grand-chose à la Chine et sont prêts à tout pour laisser croire qu'ils « sauvent » l'emploi dans des régions sinistrées. Mieux communiquer sur la Chine via les médias, (attention aux messages protectionnistes !). Rendre obligatoire l'appel à des cabinets de consulting connaissant bien la Chine.
- Faire comprendre que la Chine peut devenir un partenaire international pas plus difficile à traiter que les USA, et aujourd'hui plus utile. Accepter des fusions sino-françaises et des prises de participation. Développer, en Afrique notamment, les projets de coopération sino-français plutôt que de se lamenter sur le rôle de la Chine-Afrique.
- Refonder et rendre lisible notre système d'enseignement, de Recherche et d'innovation.
- Réindustrialiser notre pays et faire sortir les PME de leur enclavement et petitesse d'esprit : Aide-toi ! Le Ciel (chinois) t'aidera !

- Mieux gérer les pouvoirs publics en Chine (Ubifrance, Invest in France, ME, …) en exigeant qu'ils s'appuient sur le tissu de gens en place depuis longtemps, pouvant aider au développement des intérêts français. Ne pas les enfermer dans le fonctionnariat, la compétition avec les cabinets conseils, l'arrogance et le recrutement presque exclusif de juniors VIE non formés, à qui on donne (pour 18 mois) des titres ronflants, comme celui de Conseiller.
- Comprendre qu'un cabinet juridique n'est pas fait pour monter des affaires commerciales de rachat, mais uniquement pour rédiger et rendre légaux les contrats à signer. Leurs conseils ne sont que juridiques et pas opérationnels ou industriels. Les aides en la matière sont du ressort des hommes d'affaires et des industriels.
- Développer en France la connaissance réelle de la Chine par le biais des « learning expeditions », ce que les japonais ont fait en Europe, ou ce que les Chinois font en permanence chez nous.
- Encourager les quelques groupes français déjà présents en Chine à utiliser leurs connaissances et introductions auprès de leurs partenaires, pour promouvoir et susciter leur implantation en France, qui passe souvent par le rachat de sous-traitants ou d'entreprises associées. Cela vaut mieux que de se méfier d'eux, et de les couper ainsi de notre pays en gardant jalousement leurs contacts.

Une étude comparative avec l'Allemagne serait intéressante, et sur chaque point on pourrait essayer de voir comment ce pays agit en Chine. Le cas de Siemens est assez significatif.

Siemens est le véritable ambassadeur économique de l'Allemagne, et héberge en Chine beaucoup de PME. Celles-ci créent des liens avec les partenaires chinois de Siemens. Son système de Recherche est aussi très visible et centralisé. L'image des produits est évidente sur le plan de la qualité, du sérieux et du pragmatisme. Siemens a su éviter avec la Chine les grandes déclarations de principe politiques, sans moyens pour les réaliser, et l'aspect « donneur de leçon ». Siemens a su agir avec discrétion et pragmatisme (realpolitik).

CHAPITRE 8

CONCLUSION

Nous avons tenté, en examinant l'histoire et le présent, en confrontant nos certitudes avec une pratique différente, de comparer l'incomparable. C'est à dire de confronter un modèle économique construit et rationnel à nos yeux, avec une réalité observée qui ne se pose pas en modèle, et même au contraire semble accepter et copier le nôtre. La Chine jette un regard sur nos certitudes et nous engage à les remettre en cause.

Comprendre la Chine est une œuvre impossible et, pour paraphraser Paul Valéry qui parlait de l'histoire : *«La Chine est tellement riche de contradictions que l'on peut lui faire dire ce que l'on veut ». Les jugements émis sur les entreprises chinoises peuvent donner lieu à des milliers d'interprétations différentes et à de nombreux contre-exemples. Il en est certainement de même du concept de « Monde Occidental »,* terme souvent utilisé, et qui pourtant recouvre autant de diversité qu'il peut contenir d'unité.

Il faudrait, pour bien faire, adopter la méthode chinoise d'analyse qui, plutôt que d'expliquer et de comprendre la nature d'un sujet (la Chine ou l'Occident), cantonne son objet d'étude à sentir les relations qui se lient entre ces sujets, et les forces en action, dans une approche dynamique et non statique. C'est ce que nous avons tenté de faire sur bien des sujets évoqués dans ce texte.

Il n'y a dans ce texte que peu d'affirmations prédictives sur l'avenir de la Chine : assiste-t-on à une nouvelle Révolution Culturelle ? La Chine va-t-elle demain dominer le monde ou tout au moins son économie ? Son développement actuel est-il de nature pérenne et fait-il peser une menace sur notre civilisation même ? La Chine ne va-t-elle pas s'écrouler un jour sous le poids de ses propres contradictions internes (unité du pays, différences croissantes entre riches et pauvres, confusion idéologique et montée de l'individualisme, …) ou externes (acceptation par le reste du monde de ce nouveau pôle de développement, poids de la Chine dans l'utilisation des ressources mondiales qui restent limité, problèmes écologiques, ...) ?

Nous ne croyons pas utile de s'aventurer dans le jeu risqué des scénarios, et de tenter de modéliser l'avenir en assignant des probabilités aux « univers des possibles ». Il nous semble préférable de tenter de saisir les tendances et les évolutions, de les exposer dans nos termes plus que de les expliquer, d'en tirer aussi quelques enseignements : Nous ne sommes pas condamnées à rester ignorants.

Nous avons à apprendre de la Chine, bien plus que des recettes. Ce pays a su saisir cette vérité il y a à peine 40 ans, et a ouvert plus que ses frontières : son intelligence et ses forces créatives.

C'est probablement dans cet apprentissage réciproque de l'autre que se trouve la voie à suivre.

Frédéric BERAHA

LA CHINE

APPRENDRE D'ELLE ET S'Y ORIENTER

OPUSCULE

LE LUXE A L'EPREUVE DE LA CHINE

Mars 2012

PREAMBULES

A. LES ANALYSES DE MARCHE EN CHINE

Comment réaliser une étude sectorielle sérieuse en Chine ? Cette question nous fut posée par plusieurs grands groupes désireux d'implanter leur marque durablement, d'optimiser leur présence, ou mieux encore de pouvoir réaliser des prévisions fiables sur le devenir de leurs affaires avec ce pays.

Les études réalisées par les grands cabinets conseil internationaux sont foison, de même que celles des missions économiques étrangères. Elles présentent de nombreuses statistiques et mettent en avant des méthodologies censées être scientifiques et éprouvées partout sur la planète.

Dans le meilleur des cas, on nuance quelque peu le discours en ajoutant qu'il faut accepter les conclusions de l'étude avec une « certaine réserve ». On mentionne le manque de statistiques fiables en Chine (tout est politique) ; la quasi-impossibilité de réaliser des enquêtes sérieuses auprès des consommateurs (1,4 milliard répartis sur un territoire immense et diversifié) ; les évolutions extrêmement rapides, qu'elles soient politiques, réglementaires ou sociétales ; le manque de formation des enquêteurs chinois, etc.

Le livre que vous venez d'achever se conçoit comme une méthode de travail et d'analyse originale qui va à l'encontre des pratiques occidentales et renoue avec des méthodologies chinoises.

Les 6 principes en sont les suivants :

- Refuser de classifier le réel de façon catégorique,
- Conserver à la réalité ses aspects contradictoires,
- Analyser les relations entre les sujets plus que les sujets eux-mêmes,

- Regarder les événements de façon dialectique et sous forme de réciprocité : le sujet qui observe est lui-même influencé et modifié par sa propre démarche,
- Concevoir les problèmes dans leur dimension évolutive : de l'histoire la plus ancienne au présent en mouvement permanent,
- Présenter un tableau global au niveau spatial : celui qui s'implante sur un lieu modifie les conditions de sa propre organisation dans son pays d'origine.

Ce livre est aussi un acte d'engagement qui veut modifier les perspectives ancrées, donner des moyens d'agir et proposer de véritables solutions applicables.

Pour nous une étude de marché en Chine doit donc :

- Couvrir l'histoire, la culture et la diversité,
- Analyser les différences comme les convergences,
- Intégrer les données sociétales et les prémices de ses évolutions, explorer le champ des possibilités,
- Auditer le commanditaire de l'étude sur sa problématique,
- Examiner les changements possibles et nécessaires occasionnés par son désir de s'implanter en Chine,
- Intégrer les perspectives économiques dans une vision stratégique et sociétale,
- Mettre « l'homme » au centre, en prenant en compte le facteur humain pour son réseau, son personnel, ses clients et son action vis-à-vis de la société,
- Se débarrasser de tous les interdits et rester pragmatique,
- Se méfier des études de marché !

B. DE QUELLE CHINE PARLE- T-ON ? LA CHINE ET HONG KONG

Les Occidentaux dans leur vision du luxe en Chine assimilent souvent par méconnaissance les réalités du marché chinois avec celles du territoire de Hong Kong.

Cette erreur est renforcée par le fait que les Directions Générales locales des marques de luxe ont souvent leur siège situés à Hong Kong (quelquefois à Singapour), et que les expatriés ou Chinois locaux qui les dirigent ont beau jeu de faire croire à ces mêmes Directions Générales qu'ils « dirigent » et maîtrisent bien les affaires chinoises.

Cela nous parait une erreur, car la vision que l'on a de la Chine depuis Hong Kong est on ne peut plus biaisée.

100 années de colonisation anglaise, le fait que la population y est cantonaise, l'usage de l'anglais dans la classe évoluée, la flexibilité des Chinois et leur capacité de se transformer pour s'adapter à des situations locales, les réussites réelles du capitalisme hongkongais en Chine (dans l'immobilier notamment : Hutchison, Swire, China Ressources, ...), l'utilisation intelligente par le pouvoir central chinois des ressources existantes à Hong Kong (stock exchange, ingénierie financière, réseaux d'investisseurs, ...), sont autant de facteurs déformants qui alimentent la confusion.

Hong Kong reste perçu en Chine comme un territoire chinois, certes, mais totalement différencié. Toute interpénétration entre Hong Kong et le continent est assimilée par le pouvoir à une pollution idéologique. Les continentaux reconnaissent difficilement les hongkongais comme les leurs, même si ils n'hésitent pas à en copier des comportements et les modes (voire des expressions utilisées dans le langage de tous les jours), comme le terme de « maidan » pour demander l'addition dans un restaurant).

Peut-être en est-il de même de Shanghai aujourd'hui. Cette ville est un miroir aux alouettes, et a été choisie dans les années 90 comme une vitrine compréhensible par les Occidentaux, afin d'attirer leurs investissements et leurs savoir-faire, pour les disséminer ensuite à l'intérieur du territoire et plus particulièrement dans la région du Yang Tse, avec des mégapoles comme Hang Zhou, Nankin, Suzhou, Ningbo, Zhengzhou, ...

Combien d'expatriés (et beaucoup dans le domaine du luxe) résident à Shanghai ou à Hong Kong et ne parlent pas la langue chinoise ? Ne connaissent de la Chine que leur territoire commercial, ainsi que les aéroports, et le même hôtel de luxe dans lequel ils descendent quand ils s'aventurent dans la Chine profonde ? Ils n'hésitent pourtant pas à conseiller leur Direction Générale sur les décisions à prendre, qui se ramènent souvent à suivre le premier agent chinois venu parlant anglais ou disposant d'un bon interprète.

Alors, engageons-nous dans la vraie Chine !

C. QUEL MARCHE CHOISIR ?

Il nous a paru intéressant d'insérer à la suite de ce livre une illustration pratique de ces principes, en choisissant un secteur particulièrement actuel et difficile à analyser : le luxe*.

Ce marché est en effet emblématique car :

- Inenvisageable il y encore quelques années,
- En passe de devenir le premier marché mondial,
- Dépassant largement les frontières chinoises,
- Modifiant profondément le sujet même de l'étude : « Le luxe »,

Concernant particulièrement les français.

C'est le secteur qui incorpore par excellence l'histoire, la culture, la société, l'innovation et la créativité, le marketing, les ressources humaines, les finances, les stratégies corporate, …

* *D'autres études, présentées sur le même modèle, sont disponibles. Elles portent sur des sujets que nous avons la chance de bien connaître par expérience personnelle : l'aéronautique, le spatial, le ferroviaire, l'éducation, l'industrie culturelle, la recherche scientifique, ….*

1. LA NOTION OCCIDENTALE DE LUXE

La caractéristique première du luxe réside dans la dissociation entre la valeur manufacturière des objets et leur valeur symbolique et représentative. Cette dissociation a son origine dans le milieu aristocratique dont le luxe est issu.

Ainsi le modèle économique du luxe est-il basé sur des modes de production, de marketing et de distribution propres, différents de ceux des autres secteurs industriels ou marchands. La correspondance entre prix de vente et coûts de production ne doit pas être basée sur un calcul optimisé de marge, mais sur le fait que le produit en lui-même n'a pas de « prix ». Le luxe vend pour une bonne part de la culture, du rêve, de l'appartenance sociale, de la tradition, un héritage… toutes choses qui ne s'achètent pas.

1.1 Perception de l'objet de luxe en Chine

Historiquement, en Chine, le concept d'aristocratie proprement dit n'existe pas.

L'empereur et son entourage familial reçoivent provisoirement un Mandat du Ciel pour diriger, ce qui se trouve *« sous le Ciel »*. La dynastie qu'il représente a eu un fondateur : il fut parfois un simple paysan, un intriguant ou un guerrier, parfois non chinois comme sous les Yuan (Ku Bai Khan) ou, pour la dynastie la plus longue de l'histoire de la Chine et la dernière, les Qing, les Mandchous. Cette dynastie aura une fin, le Mandat du Ciel sera perdu et un nouveau cycle va se constituer qui donnera le jour à un ordre tout à fait distinct. Il était d'usage en Chine que celui qui avait servi une dynastie ne puisse continuer à en honorer une autre, toute sa famille se retrouvant alors soit exécutée (jusqu'à la quatrième génération), soit tombant dans l'oubli le plus total.

Un homme qui parvenait par ses mérites guerriers ou intellectuels (mandarins ayant réussi des examens) pouvait devenir un personnage important, disposant de tous les privilèges de la fonction qui lui était confiée. Mais, là encore, il recevait pour ce faire un mandat de l'Empereur et, fait notable, ses ancêtres étaient anoblis eux aussi. Summum de la gloire, leurs restes pouvaient résider dans le temple suprême des grandes dynasties impériales. Ce droit ne se transmettait pas de façon systématique aux enfants. Il y a donc des aristocrates en Chine, mais les égards dont ils bénéficient ne se transmettent pas. Leur pouvoir est toujours lié à un mandat reçu du supérieur, (plus haut que tout se trouve le Ciel). Il est fini, et ne se transmet pas aux descendants, mais plutôt aux ascendants.

La dépendance à un pouvoir en place et la conscience forte de la nature temporaire de sa propre position, influent très fortement sur le mode d'appropriation des objets représentants le luxe et l'apparat. Le luxe a toujours en Chine une valeur démonstrative vis-à-vis de la société : il représente des emblèmes de réussite ou de pouvoir. Le seul caractère personnel qui permette de reconnaître l'Homme de Bien, au sens confucéen du terme (en chinois le « Junzi »), ne peut résider dans des marques externes, mais dans des valeurs personnelles fortement codifiées par le Confucianisme, par le respect des rites sociaux et le savoir.

Dans la Chine moderne, le produit de luxe possède une valeur sociale et doit être montré à l'extérieur. Il symbolise la richesse et le pouvoir. Sa possession est presque uniquement limitée par son accessibilité, et donc par son prix. Les vraies valeurs (personnelles et morales) sont de nature non marchandes, et ne peuvent être symbolisées par des produits aussi sophistiqués soient-ils. Parallèlement, l'ancienneté ou l'authenticité ne sont pas nécessairement des valeurs en soi qui permettraient de distinguer le vulgaire du commun, du raffiné et de l'exceptionnel.

En revanche, l'histoire liée à un objet, mais pas nécessairement à l'objet original, sa valorisation sociale par une appropriation à un moment donné ou sur un lieu précis (en Chine toujours), apparaissent comme des symboles de la mémoire collective, et sont alors vénérées. Ainsi on admire aujourd'hui en Chine, un personnage en terre des Han, une figurine représentant un cheval Tang, une peinture bouddhique des Song, une céramique Ming, … Mais l'artiste n'est que rarement identifié.

L'authenticité de l'objet n'est pas fondamentale. Une production industrielle de celui-ci, dupliquée sans fin de façon plus ou moins raffinée, sera vendue à des milliers de touristes chinois. Le produit de luxe n'est que peu différencié de l'artisanat local que l'on achète à l'endroit même où il est produit. Ces lieux sont devenus de ce fait des « pèlerinages» touristiques (Xian, Dunhang, Jin Dezhen, ….).

Les artistes chinois contemporains n'échappent pas à cette règle, et leur création, une fois reconnue comme possédant une valeur artistique par un groupe, est reproduite sans fin par l'artiste lui-même, et par les écoles qui réalisent « à la manière de », sans jamais d'ailleurs signaler leurs sources.

On touche là à une différence essentielle avec la notion de luxe en Europe et dans le monde occidental, qui reste toujours plus ou moins liée au perfectionnement d'un individu et à la continuation de traditions familiales ou d'appartenance aristocratiques. En Chine, le luxe s'inscrit dans une fonction sociale et relationnelle avec les autres. Les premiers sanctifient l'authenticité, l'unicité et la rareté ; les seconds vulgarisent la possession de ces objets, les produisent en masse, et permettent ainsi à un maximum de personnes d'accéder à cette représentation sociale symbolique.

Cette distinction recoupe une différence profonde entre la vision occidentale de l'individu comme un sujet en soi, qui existe de façon indépendante, et dont on peut étudier les caractéristiques propres, et celle de la Chine qui ne considère que les relations liant les sujets entre eux. L'unique sujet d'analyse porte sur « comment organiser au mieux ces relations sociales », c'est-à-dire de façon harmonieuse. Notre *« Je pense, donc je suis »* pourrait s'énoncer en Chine : *« J'échange avec les autres, donc je suis »*.

La possession d'objets de luxe en Chine est donc irrémédiablement liée à la volonté de montrer aux autres à quel niveau de fortune ou de pouvoir (d'achat) on est parvenu. Elle ne manifeste en rien une valeur intrinsèque personnelle, son sens artistique, sa lignée familiale, … mais le fait que l'on a réussi. On prouve ainsi que le mandat reçu de la société ou du supérieur est important, et donc que les mérites sous-jacents (son savoir-faire, sa contribution à la société, …) ont su être mis en valeur et sont reconnus.

Le produit de luxe en Chine n'est donc pas « démocratisé » (comment le serait-il dans un pays de 1,4 milliard d'habitants ?), mais plutôt vulgarisé, massifié, réduit à sa seule fonction économique. Il peut y perdre son âme.

Il découle de ceci plusieurs conséquences fondamentales :

- Les Chinois attachent beaucoup plus d'importance à la fonction sociale d'un objet qu'à sa valeur « artistique » intrinsèque.
- La valeur d'un produit de luxe est d'abord déterminée par son prix, seul critère objectif de différenciation.
- L'acquisition des produits de luxe reflète la reconnaissance pragmatique par les Chinois de notre état provisoire de suprématie économique.
- Les goûts propres aux consommateurs de luxe ne sont que rarement en jeu : ainsi les grands châteaux de vins français sont-ils recherchés, et le cognac consommé en masse dans les Clubs VIP, sans pour cela que les Chinois en apprécient réellement la saveur ni l'usage.
- Les objets de luxe ont vocation à être reconnus par la masse et donc, par le biais de la copie ou de contrefaçons, à être partagés par un vaste public. Pour que la consommation des produits de luxe soit valorisée, il faut que le produit le soit par le plus grand nombre. La copie joue à ce niveau un certain rôle, et on peut dire qu'un produit qui n'est pas contrefait en Chine a bien peu d'avenir sur le marché intérieur.

1.2 Conséquences pour les marques de luxe

Elles sont importantes :

- La marque de luxe doit se prêter au jeu d'un marketing ou de relations publiques agressif et très coûteux.
- Elle doit prouver que ses consommateurs font partie d'une élite riche, et que ses entreprises ont les moyens de côtoyer ce monde, et ont su se faire reconnaître par lui.
- Elle doit savoir se montrer « généreuse », et dans l'esprit des Chinois, la société étrangère se doit de rétrocéder à la société chinoise les plus-values réalisées sur le marché intérieur. Et puisque la marque est dans le luxe, elle doit le faire de façon dispendieuse et sans compter.
- La marque de luxe doit s'appuyer sur des prescripteurs chinois qui vont porter sa renommée. Ce sont des ambas-

sadeurs, supposés disposer d'un nombre important de relations de haut niveau. Ces personnes ne sont pas, elles-mêmes, des consommateurs, mais poussent leur « clientèle » à en faire partie. Toutes les marques de luxe étrangères s'arrachent à prix fort ce type d'appuis.

- Enfin, le choix de ces ambassadeurs est important. Le jeu consiste souvent pour un Chinois malin à faire croire à des Occidentaux crédules qu'ils sont précisément la bonne personne apte à les introduire auprès des puissants. Par amitié ou relation (échange de services), ou par appât du gain (parfois par pure escroquerie), des puissants eux-mêmes peuvent se prêter à ce jeu. Ils contribuent ainsi à duper les représentants des marques étrangères. On les a parfois vus en Chine faire des choix que tout être raisonnable aurait bien entendu évités, et qui n'auraient jamais été envisagés dans un autre pays !

1.3 Impact sur nos marques

Ces caractéristiques engendrent d'autres conséquences, beaucoup plus complexes à appréhender, qui touchent au modèle économique même de la marque de luxe. Cette dernière, si elle réussit une pénétration, même relative sur le marché chinois, risque de se trouver profondément modifiée sur des points cruciaux de sa politique commerciale.

1.3.1 En termes d'image

Comment combiner une reconnaissance et une appropriation chinoise, essentiellement collective, de marqueur social d'une réussite avant tout financière, avec l'image de la marque en Europe et ailleurs dans le monde ? Avec son histoire et avec ses valeurs ? Avec les aspirations de sa clientèle traditionnelle ?

1.3.2 En termes de cibles

La population de consommateurs de produits de luxe en Chine excède de très loin celle des très grandes fortunes, et le mécanisme de la copie élargit également cette audience. Il s'agit de plusieurs millions de personnes qui voudront toutes acheter « le » produit du moment, si celui-ci est abordable, quitte à faire de grands sacrifices sur des postes qui peuvent nous apparaître comme essentiels, ou même s'il faut se contenter d'une copie.

La cible des produits de luxe dépasse donc largement le périmètre des consommateurs défini par des statistiques sur le revenu ou sur le pouvoir d'achat que l'on a coutume d'utiliser en Europe ou aux USA.

1.3.3 En termes de politique de prix

Les habitudes de consommation sont également à prendre en compte. La consommation des Chinois, y compris les très riches, est très faible comparée à la nôtre en terme de budget nourriture, de dépenses familiales, de vêtements de tous les jours, …

Les Chinois même très aisés regardent toujours les prix, et revendiquent systématiquement des réductions, des avantages divers de type VIP, une autre marque de reconnaissance sociale.

Ils tentent d'économiser sur tous les postes par la négociation permanente.

Ils s'orientent plutôt vers le prix d'appel dans leur achat d'objets de grandes marques, quand ils ont le sentiment que cela « fera autant d'effet » que l'objet de plus haute qualité, mais dont l'apparence extérieure semble identique.

Les Chinois aisés sont, lors des voyages à l'étranger par exemple, capables de supporter des conditions qu'aucun touriste moyen européen n'accepterait (bus innommables, promiscuité, repas chinois de qualité plus que médiocre, …), afin de profiter de prix tirés à l'extrême vers le bas. Ils pourront passer une nuit dans le meilleur palace de la Capitale, si celui-ci propose des tarifs de groupe hors-saison, pour le seul bénéfice de pouvoir dire qu'ils ont été reçus au Georges 5 !

2. LA CONSOMMATION DU LUXE EN CHINE

Le terme de luxe est en Chine presque injurieux : « She Chi ».

Le premier caractère qui compose le mot est un adjectif qui a le sens d'« extravagant », d' « excessif » ou de « désordonné » (une personne dominée par la grandeur). Le second est encore pire : c'est un verbe qui signifie « exagérer » et « gaspiller » (*« Un homme avec beaucoup »).*

On voit donc dans quel esprit un Chinois recherche le luxe ou le consomme.

2.1 Les différents comportements d'achat

2.1.1 L'achat pour soi

Il découle de ce qui précède que seuls les jeunes célibataires, sans responsabilités sociales trop lourdes à assumer, seront tentés par ce genre de comportements d'achat, qui relève de l'idéal et du rêve. Cela sera même valorisé positivement, car la jeunesse est le seul moment de la vie où on peut se permettre d'être un peu « irresponsable ».

En revanche, le corps social accepte très mal ce type de comportements s'il émane d'un couple marié et installé, même riche.

2.1.2 Le cadeau

La pratique des cadeaux tient une grande place dans l'acquisition d'un produit de luxe en Chine.

Il s'agit là d'une activité ritualisée qui permet d'établir les contours de son cercle de relations et d'influence. Il peut s'agir de la famille, de liens affectifs, d'affirmation d'appartenance à un clan géographique, professionnel ou scolaire, de relations de travail, voire de cercles corporatifs, politiques ou même mafieux.

La personne qui fait un cadeau ne choisit pas en fonction de ses goûts, mais va rechercher un objet dont il pense qu'il pourra plaire, ou mieux encore, flatter la personne à conquérir. On ne peut pas prendre de risque : choisir une marque connue est un gage de prudence, et choisir un produit cher montre que l'on est une relation utile, car puissante et déjà arrivée. On « *donne de la face* » à l'autre et à soi-même.

De plus, un cadeau offert dans un but social peut et doit souvent être « extravagant ». Il s'agit de montrer que son affection ou sa reconnaissance est sans limites et transcende les codes. D'ailleurs, en Chine (surtout dans le sud) on remercie son hôte qui a commandé un somptueux banquet en notre honneur, non pas en disant que les mets étaient bons, mais que le repas était cher et la dépense exagérée !

Le cadeau, on le voit, doit échapper à la norme. Il peut être extravagant et donc luxueux.

2.2 Les cibles potentielles

Schématiquement, on peut distinguer cinq types de consommateurs du luxe en Chine :

- L'acheteur de cadeaux,
- Le jeune (relativement) aisé, cherchant à « profiter » des quelques moments de la vie où l'insouciance (relative) est autorisée,
- Le très riche consommateur, qui appartient à une population encore réduite (moins d'un million de personnes sur 1,4 milliard) et qui, n'ayant en apparence rien à craindre, peut se permettre, d'assumer l'extravagance.
- Quelques Chinois occidentalisés ou intellectuels, dont le mode de vie n'est pas proprement chinois, qui lisent le terme luxe différemment, c'est-à-dire, en le connotant de notions d'esthétique, de beauté, de raffinement, d'art de vivre, de manifestation du Moi, etc.
- Les femmes qualifiées en Chine de « San Gao » ou 3H : Haute éducation, Hauts salaires et Haut IQ, étant intermédiaires entre les trois dernières catégories.

Voici donc définies les 5 cibles marketing des marques de luxe occidentales. Parmi elles, la plus large (et la plus difficile à capter) est assurément celle des jeunes.

Parmi ces jeunes, ce sont en priorité les femmes qu'il faut viser. Elles sont moins formatées pour penser aux responsabilités futures et, par nature peut- être, plus portées à considérer une certaine forme « d'extravagance » comme naturelle.

2.3 L'Internet en Chine et le luxe

Le phénomène Internet produit en Chine encore plus qu'ailleurs, une métamorphose profonde des modes de consommation et de communication.

Les jeunes chinois, nés après 1985 (date de référence en Chine pour parler de la nouvelle génération), trouvent leur presque unique source d'information sur le Web, dans les réseaux sociaux et les micro-blogs chinois. Les moyens traditionnels, revues de luxe et télévision sont délaissés car trop censurés par le pouvoir, et considérés comme réservés aux personnes âgées.

C'est là, sur le Tweeter chinois (weibo,) que les tendances se créent, sont discutées et analysées. On y retrouve non seulement les caractéristiques et les photos des produits, mais aussi leur mode de consommation ; ceux qui peuvent ou non s'associer ; leur prix et où les trouver le meilleur marché ; des échanges très actifs de seconde main et des promotions par des agents plus ou moins autorisés ; des informations et discussions sur les contrefaçons, leurs distributeurs, à quels prix et comment les distinguer ; les rumeurs également, et toutes les « histoires », réelles ou imaginées, associées à une marque.

Il s'agit là d'un espace de liberté, où on échappe à la fois à la censure, mais aussi au pouvoir commercial des marques, et où se forment les seules communautés de jeunes non encadrées par le Parti ou par la finance.

3 LA RELATION MULTICULTURELLE ET L'UNIVERS DU LUXE

Il est important de comprendre et de saisir à la fois les différences et les convergences dans toute démarche mettant en jeu les relations entre la Chine et l'Occident (qu'elle soit commerciale, politique, industrielle, culturelle, ...).

Les différences alimentent les résistances, mais présentent aussi la base sur laquelle il est nécessaire de construire des rapprochements. Les ignorer, c'est affronter de front l'autre culture, et entraine donc l'échec.

Les convergences permettent naturellement les rapprochements, mais se montrent parfois trompeuses. Elles masquent parfois la nécessité d'une approche fine, et tendent à présenter de façon uniforme ce qui reste contradictoire.

La stratégie des marques de luxe en Chine doit intégrer ces facteurs pour réussir son implantation dans le pays, mais aussi pour savoir préserver ses valeurs.

Nous avons analysé précédemment les risques encourus par une marque de luxe occidentale confrontée à la massification et à la vulgarisation qu'implique sa pénétration sur le marché chinois, et les raisons pour lesquelles il y avait effectivement danger. Mais de ce processus de passage par la Chine, peut naître aussi une évolution naturelle de la marque, vers un enrichissement, et pas nécessairement vers une perte d'identité.

Reprenons maintenant cette analyse d'un point de vue inverse, et répondons à des questions importantes :

Pourquoi le luxe et notamment le luxe français attire-t-il les consommateurs chinois ? Par quel effet de convergences culturelles réelles ou implicites s'appuie le luxe pour parler aux Chinois ?

Les points de convergences culturelles

Nous avons déjà répondu en partie à ces questions dans le paragraphe précédent. Le luxe est la manifestation la plus concrète des valeurs véhiculées par le passé, et est là pour nous rappeler celui-ci en permanence, même dans les objets les plus modernes (une montre, une voiture, un téléphone portable, ….).

Pour les Chinois, le luxe rappelle aussi ce dont ils ont été largement privés, la conservation de l'authenticité, d'une élégance, d'un esthétisme ayant existé en Chine, mais qui furent balayés par l'histoire moderne (depuis le début du 20ème siècle).

3.1 L'amour du Beau - la nostalgie du passé

Au-delà donc de l'attrait du luxe en tant que marqueur de stratification sociale, facteur analysé dans la partie précédente, il existe aussi une réelle aspiration des Chinois à retrouver le sens du Beau et de l'Histoire.

Peu importe s'il ne s'agit pas de leur propre histoire et que là encore, ils doivent se contenter momentanément peut-être, d'emprunter à l'Occident (et plus encore on l'a vu à la France) ces rappels symboliques.

Dans le luxe français, on retrouve de forts symboles chrétiens ou culturels gréco-romains, des références à des fastes royaux ou impériaux, l'usage de matériaux rares, le travail acharné d'artisans restés dans l'obscurité, la perfection en matière de qualité, une vision de l'immatériel et du mystique, un rapprochement avec l'Art, une transcendance des actes quotidiens de la vie (manger, boire, aimer, voyager…) par l'exceptionnel.

Les Chinois trouvent aisément au niveau de leur imaginaire la capacité à transposer ces éléments dans leur culture et dans leur histoire :

- La symbolique de l'Antiquité chinoise (les dragons phœnix et autres animaux mythiques, les guerriers enterrés de Xian, les bronzes, les céramiques, les armes légendaires, les bijoux, ….),
- Le train de vie des empereurs et des puissants mandarins des différentes dynasties (vêtements de brocart, jeux raffinés, architecture et jardins merveilleux, poésie romantique, calligraphie et peinture, ustensiles, services de table et mobiliers de maison, fioles ou flacons à parfums, boîtes ouvrées pour contenir des objets précieux, …. « Le Rêve du

Pavillon Rouge » en fournit une description exhaustive sur environ 800 pages.

- L'usage des matériaux et leur transformation raffinée, par des artistes souvent inconnus, qui ont décoré les maisons des nobles familles, ont toujours passionné la Chine. Le bois précieux (le Nanmu), le jade, l'or, l'argent, l'ivoire, les perles et les pierres précieuses, ont été travaillés, mais aussi des matériaux plus vulgaires utilisés en production artistique et luxueuse : la terre, les pierres taillées, les arbres pétrifiés, ...
- Le travail de l'artisan et de l'artiste est une valeur confucéenne. Le temps nécessaire à la réalisation d'un objet, la précision des gestes, la prouesse dans l'exécution et les difficultés techniques du façonnage, sont plus représentatifs de sa valeur symbolique que son esthétique elle-même : les bouteilles peintes à l'intérieur, les noix sculptées, les ivoires sculptés d'une seule pièce, ou au contraire formant des livres miniatures où des millions de caractères sont patiemment inscrits, ...
- L'immatériel et le mystique de l'Occident font écho en Chine aux références au Ciel et aux esprits, aux fées ou immortelles, à la beauté surnaturelle, aux personnages légendaires peuplant les océans, les montagnes, les fleuves .... et au monde des morts (les Neuf Sources). Il faut lire le « Voyage en Occident » ou les poèmes Tang, dont les personnages ou les expressions imagées continuent à hanter les rêves des Chinois d'aujourd'hui, et forment la source d'éternelles références esthétiques.

3.2 L'appropriation par les Chinois des signes occidentaux symboles de fête.

Rendre exceptionnelle la vie quotidienne a toujours été chez les Chinois une préoccupation majeure.

Nous avons déjà parlé de la gastronomie et de l'usage ritualisé du thé, il faut aussi aborder le raffinement mis à préparer les fêtes traditionnelles qui ponctuent l'année ou la vie d'un citoyen (fête du Printemps, de la Lune, des Morts, de la Lumière, ... anniversaires, mariages, naissances, décès, ... commémorations, ...). Les repas à cette occasion doivent être luxueux, ainsi que les cadeaux, dans le sens où ils doivent être « extraordinaires », et souvent « extravagants ».

Il existe pour ces fêtes et ces événements toute une symbolique, où sont mêlées sans grand discernement les traditions chinoises et celles empruntées à l'Occident : citons le diamant et la bague de mariage, les plats spécifiques (par exemple les gâteaux d'anniversaire à l'occidentale, ou les religieuses et pièces montées pour les mariages), les couleurs de rigueur pour certaines occasions, les peintures et calligraphies accrochées aux portes, l'usage des feux d'artifices et des pétards, les danses (la valse et le tango sont en vogue),ou encore les habits de fête (les mariages en blanc à l'occidentale, avec photos rituelles si possible au bord d'un lac, sont pour nous d'un grand comique !) .

Notre luxe, en partie né lui aussi de ce besoin de rendre exceptionnel des moments de la vie quotidienne, s'intègre en ce sens parfaitement à la culture chinoise.

Là encore, peu importe l'origine et la symbolique propre à nos traditions, transposées par les Chinois sans grande curiosité, sans besoin de vérité ou d'explications. (par exemple ils se photographient souvent en faisant le signe de la victoire. Ils appellent cela faire le 2).

Les Chinois n'en retiennent que le sens de la fête et de l'exceptionnel : le blanc, par exemple, n'est pas traditionnellement en Chine le symbole de la Pureté, et encore moins celui de la Vierge Marie, mais plutôt la couleur du deuil ... Pourtant on marie sa fille ou on habille son nouveau-né en blanc ! On comprend comment ces rapprochements, parfois sans réels objets (sinon marketing), procurent aux marques de luxe un marché qui apparait inépuisable.

3.3 La compatibilité du champ culturel avec le champ commercial

Les Chinois n'opèrent pas de différences très nettes entre art, artisanat, création, culture et luxe (avec en plus, comme nous l'avons déjà vu, la notion d'extravagance).

Par exemple, Ai Wei Wei, artiste contemporain bien connu et ayant défié la chronique pour ses positions politiques, était plutôt photographe au départ, puis a ouvert un cabinet d'architecture sans être architecte, et a pu dessiner ainsi le Nid d'oiseau (Stade olympique). Il a également ouvert un restaurant et dessine des meubles insolites.

Le terme chinois pour « culture » comprend le caractère Wen, qui signifie à l'origine les « veines du bois ». On y discerne mêlés les concepts de travail du temps, de continuité, d'ornements, de décoration, de symboles parlant à l'imaginaire, d'esthétisme, ...

Il existe aujourd'hui un concept dit d'espaces consacrés à l'industrie créative culturelle (concept au départ américain), qui représente un fourre-tout où peuvent se retrouver dans des zones, dites de luxe, de vraies marques célèbres, des artisans, des galeries d'artistes, des designers, des boutiques de mode, des sociétés de services, telles qu'imprimeurs, créateurs d'événements, relations publiques, communication, créateurs de logiciels, de jeux vidéo, etc.

Le tout au sein d'un développement immobilier de villas luxueuses et hors de prix, côtoyant des tours un tout petit peu plus luxueuses que des HLM, et souvent des hôtels plus ou moins haut de gamme ou des clubs privés.

Que viennent faire les marques de luxe dans ces Disneyland culturels pour riches ou apparentés ?

Bien entendu, faire du commerce et tenter de toucher ceux qui ont fait fortune. Pour les Occidentaux, le rapprochement du luxe et de l'Art (qui est une vraie valeur) est une évidence, mais celui de l'Art et du commerce, complètement naturel aux Chinois, est une réalité inconcevable.

3.4 L'appropriation intuitive

La Chine sait donc lire notre luxe (notre art, notre culture) par le biais d'une transposition intuitive.

Cette compréhension, basée sur la similitude, le rapprochement et l'intuition, est la forme quasiment unique par laquelle les Chinois s'approprient des concepts, éprouvent des ressentis, apprennent des savoirs.

Les différences, des origines séparées, les références inconnues, les histoires se rapportant à des contextes différents, ne forment pas pour autant des facteurs d'étrangeté pour un Chinois et, à la limite, n'ont aucune importance. L'unité, l'intuition et l'allusion imaginaire à sa propre histoire constitueront l'essentiel de sa vision.

La différence dans le ressenti et la façon de penser est donc aussi un facteur puissant de rapprochement.

Le luxe, s'il véhicule vraiment les valeurs qui sont les siennes, parle donc spontanément aux Chinois, et pas seulement à leur élite, et ce, quelles que soient les histoires racontées ou les mythes créateurs, pourvu qu'ils existent.

Dans ce sens, on peut prédire que l'entrée du luxe en Chine ne sera pas un phénomène éphémère, uniquement lié à l'émergence d'une classe corrompue, rapidement enrichie et sans valeur propre, ne recherchant dans sa consommation qu'une marque supplémentaire et visible de pouvoir.

4 CONSEQUENCES MARKETING POUR L'ENTREPRISE

Les marques de luxe doivent donc se présenter en Chine comme productrices d'objets véhiculant une culture (mythologique, historique, artistique, pratique artisanale, ...), et pas seulement chers et distinctifs.

En général, à quelques exceptions près, cela est bien compris par les directions de ces entreprises. Elles doivent en Chine à la fois raconter l'histoire de leur marque de façon très culturelle et, dans le même temps, pratiquer un fort marketing commercial (nous avons vu pourquoi).

Ces deux impératifs ne sont pas toujours simples à doser, et le mélange des genres est parfois caricatural. Mais les Chinois ne seront pas toujours dupes et savent très vite s'éduquer.

4.1 Avenir de la notion de luxe

Il nous reste un point à aborder : le luxe occidental parle-t-il aux jeunes chinois, et est-il donc durable ?

Des facteurs contradictoires agissent dans les deux sens.

4.1.1 Les facteurs négatifs

Le rappel à la tradition dont le luxe est le symbole, et son utilisation par la société traditionnelle à la fois comme signe d'enrichissement mais aussi comme symbole des valeurs du passé, est un frein à son attractivité pour la jeunesse chinoise.

Une grande partie de celle-ci (parmi les moins de 25 ans notamment) se montre de plus en plus révoltée face aux différences sociales qui se sont établies depuis 30 ans, qui ne reposent que très peu sur le savoir, mais plus sur l'opportunité, la spéculation (immobilière) et la compromission entre la politique et l'argent (les « guanxi », la corruption). Elle ne considère pas cette « classe » comme légitime, ni économiquement ni moralement. (les « ernai » dont nous avons déjà parlé), et leurs enfants sont eux-mêmes caractérisés comme des corrompus en puissance (du moins dans l'esprit).

La vie des jeunes chinois est difficile. L'avenir est incertain, marqué par une compétition féroce (le passage du baccalauréat est une réelle épreuve), une insuffisance d'emplois intéressants, et de récompenses pour les études.

L'étalage de la richesse des 35-50 ans inspire l'envie mais surtout la colère. Elle entre en contradiction avec ce même système rigoriste enseigné à l'école, basé sur l'obéissance sociale mais aussi sur des valeurs communistes, de morale, d'égalité, de peuple, de modestie, de juste répartition des richesses, de « *petite prospérité* » ... disent aujourd'hui les Chinois (synonyme de « classe moyenne » accessible à tous). Que ces mêmes personnes riches s'approprient le luxe occidental pour renforcer la tradition chinoise leur semble une supercherie risible.

4.1.2 Les facteurs positifs

Par ailleurs, existe chez les jeunes une réelle aspiration à autre chose, à redécouvrir ce dont leurs ainés ont été privés. L'étranger est la source de cette rénovation spirituelle.

Le luxe étranger représente donc aussi ce retour et cette redécouverte de leurs propres racines culturelles. Il doit donc être imité et appris. Il est nécessaire à la jeunesse de le récupérer, de se l'approprier comme un facteur national d'émancipation.

Ce qui est en cause n'est pas le luxe étranger, mais la façon dont les ainés l'ont utilisé et, souvent contre eux, pour les séparer de l'accès à la classe dirigeante et asseoir leur pouvoir.

Il existe en Chine, bien plus qu'ailleurs, une réelle soif d'apprendre les métiers créatifs. Les expositions culturelles sont surtout visitées par des jeunes, et en majorité des filles. Les métiers de la mode, du dessin, du design, de l'artisanat, loin d'être dédaignés, sont au contraire recherchés. Les universités sont pleines dans ces disciplines, et les écoles privées foisonnent.

Le luxe étranger est un modèle de perfection et de création, d'accès à une vie différente et plus spirituelle.

Une mission s'impose aux jeunes : créer le luxe chinois de demain et le rendre international. Notre luxe est donc un outil éducatif, copié et disséqué sur ce qui en fait sa force, afin de le « nationaliser », et d'en retirer une arme de guerre. Les jeunes viennent en masse voir le monde du luxe. Ils n'achètent pas, mais en parlent, en particulier sur Internet.

L'avenir des marques de luxe en Chine sera donc mesuré à leur capacité à suivre cette tendance, et à ne pas la contrecarrer par une attitude arrogante : « nous savons faire », « nous avons déjà tout crée », « ce que vous faites est frappé de nullité », ou pire encore de « copie sans créativité », ….

S'appuyer sur cette soif sera certainement plus durable que d'alimenter le marché des riches parvenus.

Cela demandera aussi à l'empire du luxe occidental de mettre en œuvre des transformations profondes et radicales : s'ouvrir aux aspects créatifs de la Chine, favoriser les « success stories » internationales chinoises, accompagner les premiers pas de jeunes créateurs chinois dans leur conquête pour, un jour, parfois, les voir dépasser leurs maîtres.

Ceci renforce l'idée qu'il faut « parler » aux Chinois, et ne pas les voir uniquement comme un marché. Il faut raconter nos histoires, favoriser les rapprochements d'intuition, éduquer plus que convaincre, saisir les occasions de fondre les inspirations, et donc au départ avoir la curiosité de connaître et d'apprendre soi-même.

Nos jeunes occidentaux sont sur ce plan nos meilleurs ambassadeurs. Il est touchant de voir de nombreux jeunes entrepreneurs étrangers venir en Chine, apprendre la langue, y trouver parfois l'amour et tenter dans un labyrinthe de contraintes administratives de s'associer à de jeunes chinois pour entreprendre. Le domaine de l'art, du luxe, de la gastronomie, des grands vins et du service est de loin le champ de prédilection de ces jeunes expatriés, du moins en ce qui concerne les français.

De la même façon, de nombreux jeunes chinois apprennent notre langue (le français) et rêvent de venir en France et à Paris pour apprendre et travailler dans le domaine du luxe ou de la mode et des Arts.

La vie de ces deux communautés de jeunes est difficile, car ils ne sont ni reconnus par leurs parents, qui les préféreraient ingénieurs et qui s'effraient des risques encourus, ni par les autorités qui prennent un malin plaisir à les menacer d'expulsion sous des prétextes administratifs en France et en Chine, ou de trop grande liberté d'expression en Chine.

La marque de luxe qui saura le mieux capitaliser sur cette mouvance, fruit de la globalisation et avenir de celle-ci, possèdera les deux clefs de la réussite :

- Durabilité sur le marché chinois.
- Capacité à réaliser les transformations internes inéluctables occasionnées par son développement en Chine.

4.2 La stratégie….. après la Chine

On a vu que tout concept idéologique, ou toute pratique sociale introduite en Chine au cours de l'histoire, ont été profondément modifiés dans leur essence même.

Le concept du luxe en pénétrant le marché chinois connaîtra le même sort.

Comment la clientèle traditionnelle des produits de luxe en Europe, si attachée à la dimension et à la valorisation d'un choix individuel, et à la marque aristocratique qui y est associée, verra-t-elle ces millions de nouveaux consommateurs ? Comment continuer à la fidéliser ? Comment ne pas compromettre irrémédiablement son image par une pénétration toujours plus profonde du marché intérieur chinois, et donc l'attractivité de la marque pour les très nombreux touristes qui viennent dans nos capitales en Europe, au Japon ou aux USA ?

L'ouverture d'un magasin par mois en Chine doit-elle entraîner en Europe la fermeture d'un magasin ou, pire encore, la création d'une boutique réservée aux seuls Chinois où les vendeuses ne seraient qu'asiatiques ?

Les réponses apportées par les marques de luxe divergent ici.

Certaines ignorent tout simplement le problème, et vivent dans une certaine inconscience des réalités. D'autres s'accommodent parfaitement de cette sinisation de leur marque, et iront peut être jusqu'à devenir des marques chinoises.

Une autre stratégie consiste à créer des marques chinoises, et à s'associer à des créateurs locaux souvent brillants. Il n'est d'ailleurs pas dit que ces nouvelles marques soient véritablement destinées au marché intérieur chinois, l'ouverture de boutiques en Europe et les expatriés en Chine semblant plutôt leur cible réelle.

D'autres marques enfin refusent de jouer le jeu d'une communication trop voyante et agressive en Chine, préfèrent rester « cachées », et se contentent de cibler une clientèle éduquée à l'occidentale, et donc très réduite sur le continent.

Peut-être, devrons-nous aussi inventer d'autres concepts, comme celui de créer non pas des sous-marques pour les Chinois, ce qui ne peut avoir d'avenir, mais des sur-marques réservées aux européens et à l'élite chinoise, très peu accessibles, sans aucun marketing, pour les vrais connaisseurs.

Il existe en effet en Chine, une minorité de Chinois parfaitement occidentalisés ou intellectuels, issus de familles très éduquées ayant des liens avec l'étranger.

Cette population forme un marché de fait très proche du nôtre, ou comparable. On la trouve surtout à Shanghai et à Beijing, mais aussi dans une moindre mesure dans quelques grandes villes comme Chengdu, Hangzhou, Dalian, Xiamen, Qingdao, Tianjin…

Mais il est essentiel de bien comprendre que ce marché n'est pas le « marché chinois », ou tout au moins en est fortement distinct, même s'il est très fortement scruté par les consommateurs chinois.

Car ce sont souvent ces personnes qui lancent les modes et construisent le marché massifié du luxe chinois. Il est donc difficile pour une marque de luxe étrangère de se cantonner exclusivement à ce marché spécifique, et de refuser d'atteindre les millions de consommateurs qui ont cette avant-garde pour modèle, même s'ils n'en partageront jamais l'éducation ni les valeurs.

Le marché chinois du luxe est en passe de devenir le premier dans le monde. Il s'agit là d'opportunités évidentes pour les marques étrangères.

Mais la croyance selon laquelle les mutations futures du concept dans ce pays, pourront rester contenues à l'intérieur de ses frontières est illusoire. On ne peut pas non plus ignorer la Chine dans le monde du luxe, tout simplement pour assurer la survie de la marque, face à une concurrence qui en a fait son principal marché et sa première source de revenus.

La stratégie d'une grande marque de luxe française en Chine doit donc être pensée à l'aune de cette réflexion.

De plus, la Chine regorge de potentialités étonnantes, voit naître de jour en jour des créateurs talentueux, et n'est plus du tout l'atelier du monde que l'on croit connaître. La Chine est aussi un « laboratoire à idées nouvelles et à créations originales », basé sur une autre culture et très sophistiquée.

L'apparition récente et encore timide de créations chinoises ne doit pas nous induire à penser que la Chine ne serait peuplée que de copieurs incapables de créer. D'une part, la copie est partie intégrante du processus chinois de création, donc opposer l'un à l'autre est une erreur. D'autre part, le génie créatif propre à ce peuple s'est maintes fois manifesté dans l'histoire.

Le recul réel en matière d'innovation et de création, que la Chine a connu entre le début du 19ème siècle (à partir de 1850 notamment, date de la Guerre des Taiping) et la fin du 20ème (disons 1992, voyage dans le Sud de Deng Xiaoping) peut aisément trouver son explication dans l'histoire contemporaine de ce pays, faite d'accumulations d'horreurs sociales et de troubles profonds, internes comme externes.

L'influence de la Chine sur le mode de vie des Occidentaux ne va pas tarder également à se renforcer. On met en avant partout l'exemple plutôt négatif des touristes chinois « bas de gamme » qui vulgarisent le concept du luxe, et portent atteinte à l'image même des marques, mais il ne faut pas oublier que vont émerger des marques chinoises qui, véhiculant une culture millénaire, très riche et attractive, peuvent aussi contribuer à faire évoluer les tendances en Occident.

La France a su adopter « l'american way of life », tout en gardant intacts ses fondamentaux. La culture américaine est-elle plus proche de la nôtre que la culture chinoise ?

Nous ne le pensons pas, et ce débat ne semble pas avoir plus d'importance que de se poser la question de savoir si toutes les civilisations se valent ou pas ! Peu importe de savoir que tel ou tel système, culture, civilisation, analysé en soi, est proche ou différent d'un autre ; et encore moins de tenter d'établir entre eux des hiérarchies (forcément sur la base des valeurs de son propre système). Seules comptent les relations mutuelles qui vont s'établir : Confrontation ou coopération ? Guerre ou paix ? …

La question centrale n'est pas de savoir pourquoi et comment faire du « business en Chine ». Elle est plutôt de savoir comment anticiper et accommoder les transformations internes qui seront nécessaires pour que cette présence en Chine ne soit pas la fin de notre héritage et des valeurs que nous portons, et qu'au contraire, elles s'en trouvent renforcées.

La voie est étroite et sinueuse, mais la continuité de la marque en est l'aboutissement.

REMERCIEMENTS

- **A toutes les personnes** qui ont contribué de près ou de loin à la réalisation de cet ouvrage :

  Famille : Nadine, Marie-Alice, Charlotte, Richard Beraha,

  Partenaires : A.Blanc et E. Sidem, Connex Consulting,

  Amis et collaborateurs français : C. et C.Bret, P.d'Azemar, P. Reltien, S. Mahon,

  Collaboratrices chinoises de GTE : Lu Shan Wang, Xu Ying.

  Ambassade de France : M. P. Guelly, M. B. Belloch,

- **Aux entreprises clientes de GTE,** qui m'ont fait confiance en Chine : EDF, Carrefour, HEC, Bouygues, Safran, Air France/KLM, Chanel, etc.

- **A tous mes amis chinois,** dont la culture me passionne depuis toujours

Petite bibliographie personnelle

Han Feizi : Œuvre traduite en français du chinois par Jean Levi avec une introduction pertinente. Le Tao du Prince. Collection Points – Inédit Sagesse

Zhuangzi : Dans le texte si possible, avec l'excellente traduction française de Liou Kia-hway. Collection Connaissance de l'Orient – Gallimard / Unesco.

Jacques Lévy : Le Prince et le Tao. Un pur bijou de roman historique sur des textes classiques.

Jacques Germet et **Marcel Granet** : Les « pères » de tous les sinologues français : Le Monde Chinois- Armand Colin – 700 pages. Chez Albin Michel, Bibliothèque de l'Evolution de l'Humanité : La Civilisation Chinoise, La Pensée Chinoise. Trois textes fondamentaux jamais égalés.

Les philosophes taoïstes : Collection La Pléiade.

François Jullien (philosophie) : Plusieurs textes de référence que l'on trouve en Livre de Poche, Collection Points ou au Seuil : Le Détour et L'Accès, Traité de L'Efficacité, La Propension des Choses, Si Parler Va Sans Dire, etc. Nous ne partageons pas son point de vue, ne traitant (de façon controversée mais magistrale) que des différences conceptuelles de base sans analyser vraiment la civilisation chinoise actuelle où l'ancien et le moderne, la pensée chinoise et occidentale se côtoient et s'imbriquent en permanence.

Tang : La poésie chinoise. Si possible en version bilingue (voir aussi François Cheng ci-dessous), afin de permettre à des étudiants en langue chinoise de saisir la merveille de ces textes dont la beauté ne peut être que partiellement traduite.

François Cheng : (peinture, poésie). Citons en dehors de ses roman : le Vide et le Plein ou L'Ecriture Poétique Chinoise, suivi d'une Anthologie des Poèmes Tang, tous deux dans la Collection Points Essais.

Luo Guan Zhong : Le Roman des Trois Royaumes. Une récente Editions de Flammarion en trois tomes propose une excellente première moitié du roman traduite en français par le regretté Louis Ricaud « mort à la tâche », suivi par une seconde moitié traduite par Jean Lévi dont l'exactitude ne nous a pas convaincus. Nous regrettons surtout que l'éditeur, n'aie pas cru bon d'adjoindre à ce livre des cartes géographiques et un index des personnages, son absence rendant sa lecture particulièrement difficile et obscure. De plus, le non usage du Putonghua dans les traductions de noms propres est également incompréhensible aujourd'hui.

Shi Nai'An : Au Bord de l'Eau, dans la Collection la Pléiade.

Cao Xueqin : Le Rêve du Pavillon Rouge, dans la Collection la Pléiade.

Wu Cheng En : Le Voyage en Occident, dans la Collection la Pléiade.

Lettre de **Victor Hugo** au Capitaine Butler sur le sac du Palais d'Eté. Avec également sa traduction en version chinoise par l'Agence Chine informations :
http://www.chine-informations.com/guide/lettre-de-victor-hugo-sur-le-palais-ete-yuanmingyuan_1618.html.

Régis Evariste Huc : Souvenirs d'un Voyage à travers la Tartarie et le Tibet, suivi de : l'Empire Chinois. Un classique pour ceux qui souhaitent découvrir la Chine de toujours avec le regard d'un missionnaire français, du début du 20ème siècle, érudit et plein d'humour. Collection Omnibus.

Henri Michaud : Un Barbare en Asie. On n'a jamais rien écrit de plus pertinent sur l'Asie et la Chine... probablement sans jamais s'y rendre ! Editions Gallimard. Collection l'Imaginaire.

Joseph Needham : Oeuvre fondamentale et encyclopédique de (1900 – 1995) : Sciences et Civilisation en Chine et, notamment en français : La Science Chinoise et l'Occident, Collection Points Sciences. Il fut à l'origine de mon intérêt pour la Chine. Le Needham Research Institute de Cambridge, consacré à l'étude de l'histoire scientifique de la Chine a été créé en 1987.

Jacques Guillermaz (1911 – 1998) : Pour son Histoire du Parti Communiste Chinois en deux tomes, éditée à la Petite Bibliothèque Payot, et son livre de mémoires : Une vie pour la Chine chez Robert Laffont. Un grand militaire, combattant de la France libre, sinologue et humaniste dont le regard nostalgique nous a particulièrement émus. Il fonda en 1959 le Centre de recherche et de documentation sur la Chine contemporaine.

Lu Xun : Pour son œuvre et ses merveilleux moments de littérature. A lire de préférence en chinois, on attend toujours une bonne traduction en français et bilingue de ses œuvres complètes. A défaut, lire ses œuvres choisies, éditées par les Editions Chinoises en langues étrangères

Chen Zhong Shi : Le roman La plaine du Cerf Blanc (1942). A noter que l'on peut également le lire en ligne en chinois sur le site de Tianyabook :
http://www.tianyabook.com/xiandai/bailuyuan/index.htm. (Merci aux Chinois pour leur protection des droits des auteurs et ceux de leurs descendants !).
Un merveilleux roman contemporain chinois, non encore traduit en français. Il relate de façon non manichéenne, et avec un rare intérêt dans la littérature chinoise pour la complexité des sentiments, l'histoire d'un district du Shaanxi, de la dynastie Qing à la prise de pouvoir par les communistes dans les années 50. (Un film tiré de

ce roman, que nous n'avons pas encore vu, est sorti et fut présenté en 2012 au Festival de Berlin).

Wang Xiaobo (1952 – 1997) : édité aux Editions du Yu Nan et surtout sa nouvelle : Hongfu Yeben. Un auteur atypique dont l'imagination et l'impertinence le classent parmi les plus grands de la littérature internationale. Sa nouvelle : L'âge d'Or a été traduite en français et éditée aux Editions du Sorgho. A noter que l'on peut aussi le lire en ligne sur le site de Sina.com.
http://vip.book.sina.com.cn/book/index_40614.html

Yu Hua (1960) : Le texte chinois de ses livres est assez accessible de par le style minimaliste et épuré de l'auteur. Autrement s'en remettre à quelques traductions : Le Vendeur de Sang, Brothers, … tous édités chez Actes Sud. Collection Babel.

Xu Xing (1956) : Pour ses quelques œuvres traduites en français par Sylvie Gentil, et pour le personnage qui représente tout ce que l'on aime dans cette Chine marginale et impertinente. Citons le titre : Et Tout Ce Qui Reste Est Pour Toi. Editions de l'Olivier.

Robert Van Gulick : La Vie Sexuelle dans la Chine Ancienne, édité chez Gallimard. Collection Tel.

Et pourquoi pas les nombreuses histoires divertissantes du **Juge Ti**, Editions la Découverte. Collection Pulp Fictions.

TABLE DES MATIERES

Asie
aux éditions L'Harmattan

CHINE (LA) CONTRE L'AMÉRIQUE
Culture sans civilisation contre civilisation sans culture
Botz-Bornstein Thorsten
Dans cette étude, l'auteur observe la Chine et l'Amérique, leurs relations mutuelles et leur histoire. Entre civilisation américaine utopique qui s'illustre dans la construction d'univers fictifs tels que Las Vegas et Disneyland et l'image hyperréaliste que la Chine donne de sa propre culture, il développe une comparaison grâce à laquelle il explique les conflits et les différences qui opposent ces deux pays et se demande : quelles sont les distinctions entre culture et civilisation ?
(Coll. Questions contemporaines, 18.00 euros, 170 p.) ISBN : 978-2-296-96426-6

DÉFI (LE) ÉNERGÉTIQUE DE LA CHINE
Comment la Chine prépare-t-elle son avenir énergétique ?
Dano Aurélie, Tournay-Tibi Michaela, Aranda-Happe Élodie, Péligry Yves
La Chine est devenue, en 2009, le premier pays consommateur d'énergie. Elle est passée dans le même temps de l'autosuffisance à une forte dépendance aux importations. À travers l'analyse des différents enjeux et des politiques mises en place aux niveaux national et international, les auteurs nous livrent des clés pour comprendre comment la Chine parviendra à sécuriser son approvisionnement énergétique sur le long terme.
(Coll. Entreprises et Management, 15.50 euros, 150 p.) ISBN : 978-2-296-57020-7

MIGRATIONS (LES) INTÉRIEURES EN CHINE
Le système du Hukou
Wang Jing
Préface de Jean-Pierre FAUGERE
Les migrations intérieures en Chine sont régulées par le système de Hukou. La ville d'accueil se sert du Hukou, grâce à la migration permanente, pour attirer les facteurs de production dont elle a besoin : capital et travail qualifié. Elle peut aussi bénéficier de main-d'oeuvre de moindre coût, sans assumer les coûts sociaux de migrants temporaires. La Chine a retiré des gains considérables de ce système spécifique d'enregistrement de population, mais dont le maintien s'avère aujourd'hui coûteux.
(Coll. Presses Universitaires de Sceaux, 29.00 euros, 282 p.) ISBN : 978-2-296-96576-8

KHMERS (LES) À L'ÈRE DE L'HINDOUISME – Les secrets d'Angkor
Thach Toan
Spécialiste de l'histoire ancienne de son pays, le Cambodge, Thach Toan nous décrit, à travers la religion hindouiste et l'histoire de rois khmers, cette grande civilisation, avec tous les secrets d'Angkor, la signification des monuments, la motivation de ses rois, leurs contributions à la grandeur de ce pays. On connaîtra enfin les causes de la disparition de cette brillante civilisation, à savoir une guerre de religion entre Khmers.
(Coll. Recherches asiatiques, 22.00 euros, 224 p.) ISBN : 978-2-296-99046-3

UN MÉDECIN CHEZ LES KHMERS ROUGES
Nal Oum - Préface de Bernard Hamel
À la prise du pouvoir par les Khmers rouges, Oum Nal, médecin khmer, assiste avec impuissance au spectacle de la liquidation brutale de son hôpital et à l'éviction des malades. Devenu prisonnier de l'Angkar, il est déporté d'une région à l'autre parmi d'autres évacués. Il entreprend, seul, une fuite périlleuse en Thaïlande à travers l'épaisse jungle frontalière. Voici les péripéties de son évasion, décrites jour par jour.
(Coll. Mémoires asiatiques, 28.00 euros, 270 p.) ISBN : 978-2-296-57037-5

PARRAINER AU CAMBODGE, LAOS, VIÊTNAM
Comment faire briller une étoile ?
Halin Jean-Luc, Anglays Louise
Parrainer, c'est tendre la main à une autre main. Nous avons eu la chance de rencontrer en vingt ans seize filleuls qui ont bouleversé nos certitudes. C'est l'histoire de leur vie que vous tenez entre vos mains. C'est l'histoire de leur chemin parcouru, ou du chemin qui leur reste à parcourir.
(20.00 euros, 202 p.) ISBN : 978-2-296-96234-7

SUPERMAN (LE) DE MALEGAON
Khan Faiza Ahmad
Voici le *making-of* de la variante la plus improbable de *Superman*... La ville de Malegaon au Maharashtra, région officiellement musulmane de l'Inde, connaît un engouement particulier pour le cinéma. Un projectionniste de quartier décide de réaliser une variante du film *Superman* avec l'aide d'habitants de la ville pendant leur temps libre... L'entreprise réussit, pour ainsi dire, avec les moyens du bord. Avec un film dont le super-héros ne manque pas d'autodérision, contrairement à sa version américaine...
(20.00 euros) ISBN : 978-2-296-56723-8

COMBAT POUR NOTRE FLEUVE – Une planète pour demain 2
Chaitali
Sur un côté de la rivière, le gouvernement veut construire un barrage pour produire de l'hydro-électricité pour toute la région. De l'autre, un groupe de femmes refuse et dit que cela va détruire l'écosystème et les vies de milliers de gens. Ce documentaire raconte la bataille de la rivière Namada. Pendant vingt ans, ces femmes se sont battues contre les forces armées de l'État et l'industrie de la construction. Qui sont ces protectrices de la rivière ?
(20.00 euros) ISBN : 978-2-296-56726-9

AGRICULTURE (L') SUD-CORÉENNE
Face au défi de la mondialisation
Van Ingelgem Olivier
Très développée, la Corée du Sud conserve un secteur agricole particulièrement important. Outre son extrême dépendance par rapport à la nature, ce dernier est caractérisé par la taille des surfaces dédiées aux exploitations agricoles et la nécessité de recourir aux échanges internationaux. Dans ce contexte, les producteurs coréens ont-ils les moyens de relever le défi de la mondialisation ? Malgré des importations record, la vigueur de l'industrie agroalimentaire permet de faire progresser les exportations de la Corée du Sud.
(Coll. Points sur l'Asie, 20.00 euros, 202 p.) *ISBN : 978-2-296-56979-9*

DON (LE) CHEZ LES JAÏNS EN INDE
Aïnouche Linda
Mal connus, les jaïns observent le jaïnisme, une ancienne religion indienne qui survit et est la plus rigide dans son extrémisme et sa rigueur sans compromis. Cette étude sur le don chez les jaïns s'attarde davantage sur les processus des réciprocités que sur la manière de faire circuler les objets. Les formes de donner, de recevoir, de rendre, prévalent sur les dons proprement dits.
(Coll. Recherches asiatiques, 24.00 euros, 242 p.) ISBN : 978-2-296-57019-1

FEMMES (LES) AUX PIEDS NUS QUI NOUS ÉCLAIRENT – * DVD *
Une planète pour demain 1
Chaitali
Chennamma et Yeiamma étaient casseuses de pierre. Kalayati et Zayda étaient femmes de ménage. Analphabètes et nées dans la pauvreté, elles ne voyaient pas de lumière au bout du tunnel. Elles ont donc décidé de créer leur propre lumière. Ces femmes, que l'on appelle les ingénieures solaires de l'Inde, ont appris seules à fabriquer, installer et réparer les lampes solaires dans les villages qui n'ont pas de lumière dans leurs rues...
(20.00 euros) *ISBN : 978-2-296-56725-2*

BOUE (LA) – * DVD *
Hartawan Marcel
«À Sedorja, en Indonésie, quelque 125 000 mètres cubes de boue jaillissent quotidiennement du sol... Ce qui a commencé comme une flaque est aujourd'hui une véritable mer, des centaines de villages ont été affectés. Les géologues croient que l'éruption pourrait se poursuivre pendant plusieurs décennies. Ce film aborde l'incidence de ce phénomène sur la population et les efforts déployés pour le contrer...
(20.00 euros, 0 p.) *ISBN : 978-2-296-56724-5*

ENFANTS (LES) DES RUES DE DJAKARTA – * DVD *
Rizal Faozan
Ils ont commencé à travailler dans les rues alors qu'ils n'avaient que six ans. Ils ont dû abandonner leur famille pour suivre des étrangers dans une ville hostile afin de subvenir à leurs besoins et envoyer de l'argent à leurs parents restés au village. Nous entrons ici dans la vie des enfants de la rue d'Indonésie – Fitri,

Robin, Nina et le reste de leurs amis – et les accompagnons dans leur lutte quotidienne – et étonnante – pour la survie.

(20.00 euros) *ISBN : 978-2-296-56722-1*

ART (L') SILENCIEUX – * DVD *

Hartawan Marcel

L'un cherche dans sa tête l'inspiration pour peindre. L'autre voit l'art dans les gens pauvres. Un autre a créé ses meilleures toiles après avoir connu la prison. Trois hommes nous font découvrir leur monde particulier à travers leurs peintures de la société indonésienne, soulignant les talents artistiques étonnants de ce pays. Un art créé par l'homme ordinaire pour des gens ordinaires...

(20.00 euros) *ISBN : 978-2-296-56720-7*

MARIONNETTES (LES) SUR L'EAU – * DVD *

Sizaret Juliette, Sizaret Nicolas

Dans un Vietnam en pleine croissance économique, perdure un art millénaire unique au monde : le spectacle des marionnettes sur l'eau, présenté généralement lors des festivités qui suivent le Nouvel An chinois : le Têt. Confiné depuis le XIe siècle à quelques villages du nord, tombé en désuétude durant la période coloniale, ranimé par la propagande nationaliste lors des combats pour l'indépendance, les marionnettes sur l'eau sont aujourd'hui menacées de disparition...

(20.00 euros) *ISBN : 978-2-296-56728-3*

SUBAK – * DVD *

Les trois sources du bonheur

Ong Justin

Il existe à Bali un ancien système d'irrigation qui, au fil des siècles, a fait ses preuves, appelé «Subak». La philosophie qui sous-tend ce système est l'harmonie. Dans les années 1970, la Banque mondiale et la Banque asiatique de développement ont tenté «d'améliorer» le système, en introduisant un nouveau système de distribution d'eau et de pesticides, qui a pratiquement détruit le système de production. Depuis lors, il y a eu un effort pour rétablir pleinement le système Subak...

(20.00 euros) *ISBN : 978-2-296-56721-4*

L'HARMATTAN, ITALIA
Via Degli Artisti 15; 10124 Torino

L'HARMATTAN HONGRIE
Könyvesbolt ; Kossuth L. u. 14-16
1053 Budapest

ESPACE L'HARMATTAN KINSHASA
Faculté des Sciences sociales,
politiques et administratives
BP243, KIN XI
Université de Kinshasa

L'HARMATTAN CONGO
67, av. E. P. Lumumba
Bât. – Congo Pharmacie (Bib. Nat.)
BP2874 Brazzaville
harmattan.congo@yahoo.fr

L'HARMATTAN GUINÉE
Almamya Rue KA 028, en face du restaurant Le Cèdre
OKB agency BP 3470 Conakry
(00224) 60 20 85 08
harmattanguinee@yahoo.fr

L'HARMATTAN CAMEROUN
BP 11486
Face à la SNI, immeuble Don Bosco
Yaoundé
(00237) 99 76 61 66
harmattancam@yahoo.fr

L'HARMATTAN CÔTE D'IVOIRE
Résidence Karl / cité des arts
Abidjan-Cocody 03 BP 1588 Abidjan 03
(00225) 05 77 87 31
etien_nda@yahoo.fr

L'HARMATTAN MAURITANIE
Espace El Kettab du livre francophone
N° 472 avenue du Palais des Congrès
BP 316 Nouakchott
(00222) 63 25 980

L'HARMATTAN SÉNÉGAL
« Villa Rose », rue de Diourbel X G, Point E
BP 45034 Dakar FANN
(00221) 33 825 98 58 / 77 242 25 08
senharmattan@gmail.com

L'HARMATTAN TOGO
1771, Bd du 13 janvier
BP 414 Lomé
Tél : 00 228 2201792
gerry@taama.net

639046 - Janvier 2016
Achevé d'imprimer par

1livre.com
du rêve à la réalité !

www.ingramcontent.com/pod-product-compliance
Lightning Source LLC
LaVergne TN
LVHW010928061026
849535LV00007B/2288
9782336003474